教育相談・学校精神保健の基礎知識

［第3版］

An introduction to counseling
and mental health
in schools

大芦 治 著
Oashi Osamu

ナカニシヤ出版

教育相談・
学校精神保健
の基礎知識

［第3版］

An introduction to counseling
and mental health
in schools

大芦 治 著
Oashi Osamu

ナカニシヤ出版

第3版のはしがき

　本書の第2版は2008年に刊行されましたが，すでに8年近くが経過しました。この間，教育相談や生徒指導，精神保健などを取り巻く状況は大きく変化しました。また，取り上げた調査結果などの統計データの更新も必要になってきました。そこで，今回，再度の改訂を行うことにしました。

　今回の改訂ですが，全体を6章構成にしたのはこれまでどおりです。ただ，多くの章を全面的に書き直しました。まず，教育相談や生徒指導に関して概観する第1章ですが，以前の版は，教育相談や生徒指導に関する基礎資料として旧文部省が1980年代に数多く出版した『生徒指導資料』を用いて記述されていました。しかし，これらの資料の多くは発行されてから30年以上が経過し，必ずしも，現状に合わなくなっていたことも確かです。こうしたなかで文部科学省は2010年に『生徒指導提要』をまとめ，新たに生徒指導や教育相談の指針としました。第1章もこれに基づき全面改稿しました。続く第2章は心の病や問題行動に関する医学的な診断を紹介する章でしたが，2013年にアメリカ精神医学会の診断基準（DSM）の改訂が行われたのに伴い，翌年，その日本語版も出版され，ここでも大きな変更が必要になりました。そこで，新しい診断基準（DSM-5）にできるだけ準拠し，なおかつ，旧来の枠組みも生かしながら全体を書き直しました。さらに，第3章ですが，2011年にマスコミなどでさかんに報じられたいじめ問題の深刻化とそれに対する対応や，不登校問題をめぐる状況の変化などを踏まえ，やはりすべて書き改めることにしました。第4章，第5章は全面的な改稿は行っていませんが，不適切な個所，内容的に古くなった個所などを中心にずいぶん修正を加えました。そして，第6章ですが，今回は，「教育相談の周辺の諸問題」と題して，教育相談を取り巻く社会的状況，教育に関するトピックを扱う章として新たに書き下ろしました。また，これまでの版では，統計データの出所や他の論文や資料からの引用が必ずしも明記していない個所がありました

が，今回は，それらを可能な限り注として明記するようにいたしました。

　さて，こうして世に問うことになった第3版の出来栄えがどれほどのものか，著者としてはいささか心許ない面もあります。読者のみなさんの忌憚のないご意見をいただければと思っております。

　なお，これまでも機会のあるごとに申し上げてきましたが，著者は教育相談や生徒指導に関して大学で授業を行う立場にはありますが，日々，教育相談や生徒指導を実践する者ではありません。本書も，そうした著者の立場から，あくまで授業のテキストとして執筆しているものであることを，どうかご理解ください。

　最後になりましたが，本書のこれまでの版を手に取ってくださった読者のみなさんにお礼申し上げます。また，いつもながらに配慮の行き届いた編集作業をしてくださったナカニシヤ出版の山本あかね氏，宍倉由高氏にこの場を借りて感謝の気持ちを記させていただきたいと思います。

2016年3月

大芦　治

はじめに

　本書は以下の読者を対象としております。
　1. 大学，短大の教職課程の「生徒指導・教育相談及び進路指導に関する科目」の履修者。
　2. 主に現職の教師で教育相談やそれに関わる精神保健関連の基本的な知識を身につけたい方。
　3. 公立学校教員採用試験の受験をめざす方。

　教育相談，スクールカウンセリングなどに関する概説書は，近年，この領域への関心の高まりとともに急速に増えています。それらの中には優れたものも多いのですが，ここでなぜあえて屋上に屋を架すような形で本書を出すことになったのか理由を簡単に述べます。

　まず，教育相談，スクールカウンセリングという書名で出版される書物の多くが臨床心理士の有資格者やある程度の経験をもった教育相談の専門家を対象としていて，必ずしも，初心者向けのものが多くないことです。したがって，現場の教師が教育相談や臨床心理学，精神保健などの基本的な用語の意味がわからないのでちょっと調べてみようというようなとき，それらはあまり役立たないのです。同様に，教職課程の授業の受講者の多くもあまり専門的な予備知識はありませんので，それらの書物を読んでもわかりにくいことがあるようです。特に，大学のカリキュラムの大綱化のせいで，かつてのように一般教育科目の心理学や保健体育の講義科目をほとんど誰もが受講するというようなことがなくなってしまった最近では，教育相談や精神保健の基礎となる知識の不足はさらに目立ってきています。

　そのような訳で本書は，書名のとおり教育相談とそれに関わる臨床心理学や学校精神保健の基本的な知識をできるだけわかりやすく，コンパクトにまとめることを第一の目標にしました。ところで，この種の書物にしてはめずらしく教育相談と学校精神保健という2つの領域をあえて並べた理由は，学

校精神保健の分野の知識を手ごろにまとめた書物がほとんどないからです。しかも，実は精神保健に関する基礎的な知識こそ，教育相談や臨床心理学の専門書を理解するときに役立つからです。

　しかし，あまり知識偏重の路線に徹底してしまうと事典か用語集のような書物になってしまい，断片的な知識を寄せ集めただけで人間の心という全体的な問題を扱うこの分野の姿を捉えることができなくなってしまうおそれもあります。そうした点も考慮にいれ，基本的な概念や知識の相互のつながりをもたせ，読み物としても通読できるような配慮もしました。

　このような方針でつくられた本書は，教職課程の「生徒指導・教育相談及び進路指導に関する科目」の授業のテキストとしても使っていただけますし，また，公立学校の教員採用試験の受験生が試験科目「教職教養」の中の教育心理などの分野の知識をさらうときにも役立つはずです。

　なお，本書では通常のこの種の書物につきものの臨床的なケース研究を一切取り上げていません。また，教育相談の関連書によくある現場ですぐに応用できるような指導法や相談活動の具体的実践例などもあまり紹介しませんでしたが，それは上に述べたような本書の趣旨からです。

　最後になりましたが，本書をこのような形でまとめることができるまでにはさまざまな人たちの援助があったことを記さねばなりません。

　筆者がスクールカウンセラーとして勤務した倉敷市の中学校の先生，生徒，保護者のみなさん，また，本書の執筆過程でいろいろと相談にのって下さった東京医科歯科大学の山崎久美子先生，本書の出版をひきうけて下さったナカニシヤ出版の中西健夫社長，企画，編集にあたって細部まで万端にわたって行き届いた配慮をして下さった宍倉由高編集長，その他名前を記しきれないみなさまにこの場を借りて感謝の言葉を申し上げたいと思います。

1999年7月

著者しるす

目　　次

第3版のはしがき　*i*
はじめに　*iii*

第1章　教育相談と学校精神保健 ———————————————— *1*
　1.　教育相談の目的と役割　*1*
　2.　学校における教育相談の活動　*6*
　3.　教育相談における面接技法　*14*
　4.　教育相談を行うものに求められる資質　*18*
　5.　教育相談の専門家と専門機関　*20*
　6.　学校精神保健について　*30*
　7.　ライフサイクルと学校精神保健　*33*
　8.　次章以下の本書の構成　*36*

第2章　精神・行動の障がいの概念と分類 ———————————— *39*
　1.　精神・行動の障がいの大きな分類　*39*
　2.　精神病性障がいとそううつ病，うつ病　*40*
　3.　不安やストレスが発症にかかわるとされる障がい　*48*
　4.　パーソナリティ障がい群　*53*
　5.　発展途上に診断される精神，行動の障がい　*58*
　6.　注意すべきこと　*70*

第3章　児童・生徒の不適応，問題行動 ————————————— *71*
　1.　不適応，問題行動とは　*71*
　2.　不登校　*73*
　3.　いじめ　*91*
　4.　その他の不適応，問題行動　*110*
　5.　おわりに　*120*

第4章　心理検査とその利用 ——————————————————— *123*
　1.　はじめに　*123*

2. 測定・診断・アセスメント　*123*
  3. 正しいアセスメントの条件　*124*
  4. 心理検査と面接　*125*
  5. 心理検査の大きな分類　*126*
  6. 知能検査　*127*
  7. 性格検査　*132*
  8. 作業検査　*137*
  9. 発達検査　*138*
  10. 適性検査　*139*
  11. その他の心理検査　*140*
  12. 心理検査を実施する場合の注意　*140*

第5章　心理療法の基礎 ―――――― *143*

  1. 心理療法の基礎とは　*143*
  2. フロイトの精神分析　*144*
  3. アドラーとユングの心理療法　*149*
  4. ロジャーズのクライエント中心療法　*152*
  5. 行動療法　*158*
  6. 認知行動療法　*163*
  7. 交流分析　*167*
  8. 森田療法　*172*
  9. 遊戯療法　*174*
  10. 箱庭療法　*176*
  11. 集団療法　*177*
  12. 基礎理論を学ぶ意義　*178*

第6章　教育相談の周辺の諸問題 ―――――― *181*

むすびにかえて　*199*
参考図書・文献　*201*
注　*209*
索　引　*215*

第1章　教育相談と学校精神保健

1. 教育相談の目的と役割

教育相談の定義

　『中学校学習指導要領解説（特別相談編, 2008）』によれば，教育相談とは「一人一人の生徒の教育上の問題について，本人又はその親などに，その望ましい在り方を助言することである。その方法としては，1対1の相談活動に限定することなく，すべての教師が生徒に接するあらゆる機会をとらえ，あらゆる教育活動の実践の中に生かし，教育相談的な配慮をすること」とされている (注1)。

　また，『生徒指導提要』(2010) のなかで文部科学省は「教育相談は，児童生徒それぞれの発達に即して，好ましい人間関係を育て生活によく適応させ，自己理解を深めさせ，人格の成長への援助を図るものであり，決して特定の教員だけが行う性質のものではなく，相談室だけで行われるものでもありません」とも述べている (注2)。

生徒指導と教育相談

　ところで，今日，文部科学省は教育相談を生徒指導の一環と位置づけている。生徒指導について文部科学省は「生徒指導とは，一人ひとりの生徒の人格を尊重し，個性の伸長を図りながら，社会的資質や行動力を高めることを目指して行われる教育活動のことです。すなわち，生徒指導はすべての児童生徒のそれぞれの人格のよりよい発達を目指すとともに，学校生活がすべて

の児童生徒にとって有意義で興味深く，充実したものになることを目指しています」(『生徒指導提要』) と述べている。

　教育相談は生徒の人格の発達を目指しながら，一方で，学校生活への適応，学校生活の充実を図るという側面をもっているが，こうした点からみれば教育相談を生徒指導の一環と位置づけることも理解されるだろう。しかし，両者の相違点についても考えておく必要もある。この点について文部科学省は「教育相談は主に個に焦点を当て，面接や演習を通してこの内面の変容を図ろうとするのに対して，生徒指導は主に集団に焦点を当てて，行事や特別活動などにおいて，集団としての成果や変容を目指し，結果として個の変容にいたるところにあります」(前掲書) と述べている。

　このように，生徒指導は，対象となる生徒の規模によって，**集団指導**と**個別指導**に分けられるが，教育相談は，このうち，どちらかといえば個別指導を通して個人の内面の変化を重視しながら行われるものをさしていることが多い。ただ，集団指導のなかでも小集団を対象として行われる場合は教育相談の技法が適用されることも多く，両者は完全に分けられるものでもない。

教育相談と心理学

　教育相談はアメリカの心理学者，ウィリアムソン (Williamson, E. G.) によって1920年代から30年代にかけて体系化されたものとされる。このウィリアムソンの体系はさまざまな心理学の技法を取り入れたもので，今日，教育相談というと心理学の専門知識や技法がすぐに想像されるのもそこに由来している。

　ただ，心理学といってもその領域は広い。臨床心理学やカウンセリングはすぐに思い浮かべられるが，知覚，認知，学習などを扱う実験心理学も心理学の大きな部分を占めているし，また，社会心理学，産業心理学，教育心理学，学校心理学，発達心理学など，心理学のなかでも我々の生活に関連の深い領域だけをとってもさまざまな広がりを見せている。しかし，そのなかで教育相談と最も関わりの深い領域といえば，やはり，臨床心理学であろう。

　臨床心理学 (clinical psychology) とは何か。その具体的な技法や理論は本書の後の章でも紹介されるが，一応，簡単な定義をしておきたい。臨床心

理学とは，精神的な問題を抱えたり不適応に陥っている人の問題を扱い，そうした人の人格的な成長や適応を援助するための心理学である。

　この定義からもわかるように，人格的な成長や適応を援助するという点において，教育相談と臨床心理学はその目指す方向はおおむね一致している。ただ，教育相談を臨床心理学の一部と考えてよいかといえばそうではない。例えば，対象者を例にとってみれば，教育相談は小・中・高等学校に在学している児童・生徒に限られるが，臨床心理学は誕生してから年老いて死ぬまでのいずれの段階にある人でも対象になる。また，臨床心理学における心理療法が主に専門的な訓練を受けた者によって行われるのに対し，教育相談は臨床心理の専門家から専門的な知識をもたない現場の教師まで，およそ教育現場に関わる者ならば誰でも必要性に迫られて関わらなくてはならないものである。

　もちろん教育相談と関連の深い心理学の領域は，臨床心理学だけではない。文部科学省は「教育相談の目的を実現するためには，発達心理学や認知心理学，学校心理学などの理論と実践を学ぶことも大切」（前掲書）と述べている。近年，教育相談において支援活動を行ううえでは個々の児童・生徒を客観性を担保しながらアセスメント（査定）することが重要視されるようになっているが，そのためには児童・生徒の発達段階に関する基礎的な理解が必要だろう。だから，発達心理学的な知見は欠かせないのである。また，適切なアセスメントを行い個別の支援を行うことは学校心理学の得意とする領域でもある。さらに，教育における不適応は情緒面に限ったものではなく，とくに学習に関連した不適応などの理解には，人の情報処理や知識獲得に関して膨大な知見を有する認知心理学が役立つことも多いはずである。

　このように，教育相談は臨床心理学以外の心理学のさまざまな領域とも密接な関係をもっている。

　つまり，教育相談は，心理学と深い関わりをもちながらも，生徒指導の一環として教育現場に根差した独自の領域として発展しているのである。つぎに，そうした教育相談の役割について述べてみよう。

教育相談の役割

教育相談の役割として文部省は以下のものを挙げている(注3)。少々古くなるが現在にも通じるところがあるのでみてみよう。

①個性的な成長課題への援助を通して個性の伸長を図る

児童・生徒一人ひとりには個性があり，それを伸ばすことは教育の目的の1つでもある。しかし，個性を伸ばす過程ではさまざまな困難もある。それを乗り越え，適応を図ってゆくことが必要である。そのために援助を行うのである。

②自己を見つめることで価値の内面化を促進する

学校ではさまざまな社会的，文化的，道徳的な価値が教授される。しかし，それは表面的な言葉として教えこまれ，外的に強制されるだけでは十分ではない。むしろ，価値を内面化し，人格の一部として同化してゆく必要がある。このようなとき児童・生徒に心理的な側面からアプローチする教育相談は，児童・生徒が内面を見つめる機会を提供できるのである。

③自己理解への援助を通して，個性的自己形成に寄与する

児童・生徒によっては努力し，成果も上がっているにもかかわらず高い目標設定のために悩みの多い子どももいるし，逆に自分は能力がないと決めつけ低い達成にとどまることもある。このような児童・生徒の内面を理解して援助してやることで，児童・生徒は自分を理解し，自分の目標や行動を選択して，自己形成を促進することができる。

④受容を通して自己と周囲との関係についての理解を促進する

学校生活では，失敗ということは一般にあまりよくないこととされがちである。学業上での低い達成は成績に直結するし，友人関係や遊びでもある程度はうまくやれることを求められる。だから，失敗することは児童・生徒にとってはストレスである。そのような状態にある児童・生徒を許し受容することで児童・生徒は自己受容できるようになり，それとともに周囲の者も受容できる心が育つ。こうして，お互いを理解し受け入れることで精神的な成長を図ることができる。

⑤保護者との面接を豊かなものにし，生徒指導の成果を高める

学校は保護者面談などを通して，保護者と教師は互いを理解し，子どもの

教育,成長に発展的に寄与するが,この場合にも教育相談の考え方や技法は役に立つ。すなわち,今日,児童・生徒の問題行動や不適応の多くが何らかの家族関係のひずみなどとも関連していることが指摘されていることを考えれば,臨床心理学的な視点にたち保護者を指導し,ときには,受容してゆくことは,生徒指導にも大きく寄与するのである。

⑥システムづくりによって効果的な環境を準備する

教育相談活動を実施することは,とりもなおさず,児童・生徒の心理的な側面の成長に必要なシステムを学校につくることになる。担任の教師としてクラスの人間関係を把握し調整することにはじまり,関連する他の教師,養護教諭との連携,場合によっては外部の相談機関,医療機関と密な関係をつくってゆくこともある。

⑦学級経営に教育相談の視点を導入する

具体的には,文部省は以下の3つを例として挙げている(前掲書)。すなわち,(1)児童・生徒一人ひとりの存在をかけがえのないものとみなすことで,児童・生徒が自己存在感をもてるように配慮する,(2)教師と児童・生徒が相互に人間として深く尊重し合う態度で,ありのままに自分を語り,共感的に理解し合う人間関係を育成する,(3)児童に自己決定の場をできるだけ多く用意し,児童がより適切にみずからを決断し責任ある行動をとれるように援助することにより,自己受容と自己理解を育てる。

以上は,実は,小学校における教育相談活動の役割として挙げられたものだが,基本的には中学校・高等学校にもそのままあてはまる。ただ,筆者は以上の7つに加え,とくに中学校・高等学校の教育相談活動の役割として以下のことを加える。

⑧思春期,青年期の心理的特性を理解し,精神的な健康の維持と成長を促進する

ふつう12〜13歳を過ぎ第二次性徴があらわれはじめるころを思春期とよび,さらに,成人に達する前までを青年期とよぶ。この時期は急激な身体的な成長に伴い,心理的にも激しく変化するので精神的に非常に不安定な時期にある。ちょっとした人間関係や学業のつまずきで家出,非行,自殺などの問題行動に走ることもあるし,統合失調症(第2章参照)などのさまざまな

精神・行動の障がいが発症しやすい時期でもある。このような生徒の心理的な特性を理解しておくことは，生徒指導上欠かせない。また，そうした心理的な特性を理解しておくことで，生徒の心理的な成長を援助することもできるのである。

　また，近年，教育相談の役割としてさかんに唱えられるようになったものとしてつぎのようなものがある。

　⑨学校教育全体に関わって，児童・生徒の学習能力や思考力，社会的能力，情緒的豊かさの獲得のための基礎部分ともいえる心の成長を支え，底上げしてゆく

　このような教育相談の機能は**育てる（発達促進的・開発的）教育相談**といわれる。こうしたアプローチのポイントとなることがらとして文部科学省は，児童・生徒が協力的に楽しく自由に振る舞える学級の雰囲気づくりを心がけることや，児童・生徒が学級を居場所にできるような帰属意識の維持，学校における活動のなかで心のエネルギーの充足が図れるようにすること，学習意欲の育成，学業でのつまずきへの教育相談の対応などを挙げている（『生徒指導提要』）。これらは，上記の①〜⑧とも重なる部分もあるが，教育相談の機能に関する新たな側面として取り上げられるようになっていることは，知っておいてもよいであろう。

　以上，教育相談の役割について文部科学省の見解に沿ってみてきたが，どちらかというと抽象的なものなので，読者は必ずしも現実感をもてなかったかもしれない。そこで，次節ではここで述べたような教育相談の役割が具体的にどのような形で実践されているのか，また，そうした実践を行うに際してどのような点に留意する必要があるのかを考えてみよう。

2. 学校における教育相談の活動

教育相談の対象

　まず，学校における教育相談の対象であるが，これは，いじめ，不登校，暴力行為などの不適応や問題を抱える児童・生徒のみではない。前述のように育てる教育相談が重視されている昨今の流れも含めて考えれば，むしろ，

すべての児童・生徒が教育相談の対象になっていると考えてよい。また，教育相談活動を効果的に行うためには保護者の協力を得ることは欠かせないことであり，しばしば，保護者を対象とした面接や指導が行われることを考えれば，児童・生徒の保護者も，教育相談の対象者とみなすべきであろう。

教育相談の組織

　教育相談を効果的に機能させるために，校内における教育相談の組織を整備する必要がある。ほとんどの学校では教師の校務分掌の1つとして，教育相談担当がおかれている。これは，教育相談部として独立しておかれる場合もあれば，生徒指導部，進路指導部のなかに教育相談係として組み込まれている場合もある。なかには特別支援教育の部門に位置づけられていたり，特別支援コーディネーターと兼務している場合などもあるようだ。いずれの場合も教育相談担当の教師は，学校における教育相談組織の要となっている。近年，ほとんどの中学校でスクールカウンセラーが配置され，小学校でも配置が進んでいる。さらに，スクールソーシャルワーカーもおく学校も徐々に見られるようになっているが，これらの専門職が効果的にその役割を果たすためにも，教育相談担当の連絡，調整機能は重要なものとなっている。

　このように校内の教育相談を組織化するにあたっては教育相談担当の役割は重要だが，教育相談担当が効果的にその役割を果たすためには，管理職や他の教師の協力も欠かせない。例えば，校長が教育相談に関して十分な経験を有する教師を教育相談担当として配置するようにすること，そして，管理職が日常的に教育相談担当の活動に対して配慮するようにしておくことなどは，教育相談に関する校内組織が有効に機能するポイントとなるだろう。

教育相談の計画と評価

　教育相談に関する諸計画の立案は，組織づくりについで重要とされる（『生徒指導提要』）。教育相談に関する計画としては，全体計画，年間計画，さらにそれらを受けた実施計画がある。このうち，全体計画では，教育相談の理念やそれぞれの学校の課題を踏まえて，教育相談の活動の骨子を明示する。そして，年間計画では，全体計画を受けて，相談室の整備，心理検査や

アンケートの実施に関する計画，教育相談に関する研修の計画，教育相談月間等の教育相談の推進に関する計画などが学期，月ごとに示される。さらに，それぞれの事項が具体的に誰によって，どのように実施されるか細目を記したのが実施計画である。

　計画が行われた以上，計画どおり適切に行われたか，もし，計画どおりに行われなかったのならばなぜ行えなかったのかを振り返り，新たな課題を見つけてゆくのが評価である。評価の観点としては，上記の相談室の整備，心理検査やアンケートの実施，教育相談に関する研修，教育相談月間等の教育相談の推進に関する活動のそれぞれについて，とくに学校全体の教育目標，年間の重点目標などと整合性があったか，あるいは，学級担任等の行った教育相談活動と照らし合わせて適切だったかなどについて，評価してゆく。また，評価に際しては，主観に頼らず，適宜，アンケート調査などを行い客観的なデータを収集することも必要であろう（以上の記述は『生徒指導提要』を参考にした）。

教育相談活動の内容

　つぎに，以上のような対象者，組織のもとに行われる学校における教育相談の具体的な内容と，実施するうえでの留意点などについてさらに見てゆこう。ここでもやはり『生徒指導提要』の記述を参考にしながら，①主に学級担任が担う教育相談，②教育相談担当の教師等が行う教育相談，③養護教諭の役割，④管理職の教育相談的役割の4つに分けてみてゆく。

　①学級担任が担う教育相談活動

　まず，学級担任，ホームルーム担任が行う教育相談活動についてみてゆこう。

　最初に求められるのは，児童・生徒との信頼関係づくりであろう。これは，別に特別な活動を行うわけではない。むしろ，日常の教育活動での心がけのようなものである。

　具体的にはつぎのような点が留意点として挙げられる。まず，普段から児童・生徒に気軽に声をかけるように心がける。その際，話しかけるタイミングに十分注意し，他の児童・生徒から不審に思われたりしないようにする。

また，児童・生徒との会話が詰問や説教にならないようにすること，その場で結論を出そうとせずその後も継続的にフォローすることが大切である。そうした声かけを通じて児童・生徒と信頼関係がつくられるのである。
　こうした日常的な信頼関係がつくられることによって，児童・生徒の不適応にいち早く気付けるようになるなど，効果があらわれてくるはずである。
　例えば，いじめや非行といった問題は表面的には気付きにくいこともあるが，生徒との間で日常的な関係ができ上がっていることで打ち明けられることもあるだろう。他にも，不適応の微候は学業成績の変化，急に反抗的になる，無口になるといった言動の変化，顔色が優れない，落ち着きがないといった態度や行動の変化，体調不良等の身体にあらわれる変化，作文や絵などの表現物の変化などとしてあらわれることもあるが，こうした点から問題に気付いた際，いち早く，対応がとれるのも児童・生徒と信頼関係がつくられていることが前提になってくるはずである。
　児童・生徒の問題に気付いたとき，しばしば行われるのが**呼び出し面接**である。呼び出し面接は，児童・生徒にはしばしば「呼び出し＝罰」ととらえられてしまい，心を閉ざすなど防衛的になったり，問題に対して当事者意識がない場合には面接を行っても解決，改善しようという意欲に乏しいといった問題点もあるが，こうした点もやはり信頼関係をつくることによって克服されてくるのではないかと思う。
　また，児童・生徒のほうから自主的に相談を求めてくる場合もある。これは，信頼関係ができ上がっている場合ほどその機会も多くなるし，結果的によい支援ができるはずである。自主的な相談は，他愛のない話題からはじまることもあるが，そうした何気ない話題の背後に重要な問題が隠されているかもしれない，ということに気を留めながら話を聞くことも重要である。
　呼び出し面接，あるいは，自主的な相談のいずれにもいえることだが，面接を行うときは人目に付きにくい場所を選ぶ必要がある。また，あらかじめ，相談内容の秘密を守ることや，とれる時間がどのくらいであるか伝えておくことも重要である。時間的な枠組みをつくることで，自然とその時間内で話題を組み立てて話をすすめてゆくことができるからである。
　学級担任が行う教育相談活動としての面接は，児童・生徒本人に対するも

のだけではなく，**保護者を対象とした面接**もある。これも，保護者が自発的に面談を求めてくる場合もあれば，学級担任の側から面談が必要な旨を連絡し行う場合もある。いずれにせよ，面談を行うことにより保護者と連携して問題解決にあたることができれば，児童・生徒にとって大きなプラスになることは確かである。

　保護者との面談を行うに際しても，児童・生徒の場合と同様に普段から保護者との間に信頼関係をつくり上げておくことはやはり重要である。ただ，近年，保護者との間に必ずしも信頼関係がつくりやすいとはいえない現実もあり，ときには保護者との面談が難しくなっているケースもある。そのような困難の背景には，保護者の側にもさまざまな経済的事情や家庭の事情を抱え，ゆとりがなかったり，保護者自身が親としての行動を学び，身につける機会に恵まれていなかったり，価値観の多様化により問題の重大性に対する認識が共有できないといった事情があるといわれている。担任の教師は，保護者面接を行うに際しては，(1) 問題を率直に伝えること，(2) 来校してもらう場合はその労をねぎらうこと，(3) 時間を1，2時間に設定し，ちょうど話しやすい時間的枠組みをつくること，(4) 児童・生徒の問題点ばかりを指摘するのではなく，プラスの面やそれに関する具体的なエピソードも交えて話をすること，(5) 一方的に話すのではなく保護者の話にも耳を貸すこと，(6) 保護者にも精神的な問題が感じられる場合は無理な説得などはせず，保護者との間に信頼関係をつくることを心がけ，また，保護者以外にその児童・生徒の問題解決のキーパーソンとなるような人物を探すようにする，といった点などに心がけることも必要になってくるであろう。

　以上，主として児童・生徒の適応面で問題解決に必要な視点から，学級担任が行う教育相談活動についてみてきた。

　ただ，こうした教育相談活動とは別に，教育相談の大きな目的の1つとして児童・生徒の人格的な成長を支援することも忘れてはならない。こうした教育相談の一環として，例えば，学業，日常生活，友人関係，あるいは，趣味，興味に関するどんなことでもよいので児童・生徒に自由に書かせたノート，日記などを定期的に提出させ，それに教師は何かコメントを付けて返すといったことなどが行われることがある。児童・生徒は，文章を書くことに

よって自分自身の悩みや問題を整理することができるし，教師はそれにコメントを付けることで児童・生徒の立場に立ち受容的に受けとめ，成長するような方向に援助することができる。また，こうしたノートや日記の交換は，信頼関係の構築にも有効で，さらには，児童・生徒の不適応に早期に気付く機会を増やしてもくれるだろう。

②**教育相談担当が行う教育相談**

つぎに，校務分掌として教育相談担当の教師が行う役割についてみてみよう。この教育相談担当が行う教育相談としては，（1）学級担任・ホームルーム担任へのサポート，（2）校内への情報提供，（3）校内および校外の関係機関との連絡調整，（4）危機介入のコーディネート，（5）教育相談に関する校内研修や事例検討会の企画運営，（6）教育相談に関する調査研究の推進，などがあるとされている。

このうち，（1）学級担任・ホームルーム担任へのサポートとしては，児童・生徒や保護者への対応に困難を感じている教師に対して，その悩みを聞き，必要に応じて資料を提供することなどが挙げられる。また，ときには保護者との面接に同席して，少し距離をおいた中立的立場で調整を行うことなどもある。（2）校内への情報提供であるが，例えば，学外で実施される教育相談担当者の研修会で得た情報や，校内で知能検査や発達検査などを実施した際はその解釈に役立てるような専門的な情報を収集し他の教師に提供すること，「教育相談便り」などの発行を通して教育相談に関する話題やスクールカウンセラー，養護教諭などのさまざまな立場で児童・生徒に関わる担当者からの発言を保護者に伝えることなどが挙げられる。（3）校内および校外の関係機関との連絡調整であるが，問題が深刻な場合や学級，学年を越えて関連している場合は，他の教師，管理職，特別支援コーディネーター，養護教諭，スクールカウンセラーなどと，また，問題が学校の枠組みを出る場合は，教育相談所，児童相談所，家庭支援センター，医療機関，警察などと連絡を取り合うことなどがそれにあたる。（4）危機介入のコーディネートに関しては，想定される危機として家出，深刻な児童虐待，校内暴力，自殺などさまざまなケースが考えられる。それらに対して，普段から予防的な対応として危機対応マニュアルなどを作成し，校内研修等を通じてすべての教師に

周知しておくことなどが必要であろう。また，実際にそうした危機が発生した際には，危機対応チームの一員として加わり，管理職と協議しながら対応にあたることなどもその活動に含まれる。(5) 教育相談に関する校内研修や事例検討会の企画運営についてもみてみよう。各学校ではその折々の事情によって教育相談に対するそれぞれのニーズがある。そのニーズをうまく受け止めながら研修会を企画してゆくことが求められる。研修会の講師は教育相談担当の教師自身が行うこともあれば，外部の専門家を招くこともあろう。次に事例検討会についてであるが，その学校における教育相談の事例の概要に問題点，対応策などを加え，それらを他の関連する教師に提示し，話し合うことが事例検討会である。ケースカンファレンスともいう。事例検討会は複数の教師で連携して1つの事例に関わっていく場合は欠かせないし，1人の教師が1つの事例を担当している場合でも，関わり方が独りよがりの片寄ったものにならないように他の者の意見を聞くという意味で重要である。教育相談担当はこの事例検討会を企画する役割も担うことになるだろう。なお，事例検討会を行う場合，参加者は個人情報の保持に十分な配慮をしなければならない。事例を記した資料等も回収するなどして外部に漏れないように処理することは忘れてはならない。最後に，(6) 教育相談に関する調査研究の推進についてみてみる。調査研究というと専門的な知識を要することがイメージされるが，必ずしも，そうしたものばかりでない。学校で行われる最も一般的なものとしては「いじめについてのアンケート」があろう。これを作成し実施することで気付かれなかったいじめ事件が明らかになることは決して少なくないし，また，学校全体として，いじめを見逃さない，許さないという強い姿勢を示すことにもなる。

③養護教諭の役割

　学校の教育相談活動における養護教諭の役割が年々高まっている。

　養護教諭は，学校教育法第37条により「養護をつかさどる」者として小学校への配置が義務付けられ，中学校に対してもこの条文が準用されている。高等学校については学校教育法第60条第2項において「養護教諭（中略）その他必要な職員を置くことができる」となっているが，実際はほとんどの学校で配置されることが一般化している。

また，保健室については学校保健安全法第7条で「学校には，健康診断，健康相談，保健指導，救急処置その他の保健に関する措置を行うため，保健室を設けるものとする」として設置することが定められている。

　養護教諭は，本来，児童・生徒の心身両面の健康の増進や衛生面での指導などを担ってきたが，近年の傾向として，救急処置等を除けば，むしろ，精神面で問題を抱える児童・生徒の相談や支援などに関わることが大きな業務になっている。養護教諭が教育相談活動に携わる利点として以下のようなことが挙げられよう。(1) 養護教諭は教科担当の教師と異なり学業の評価に関わることがないため，児童・生徒は自由，率直に話ができる。(2) 児童・生徒の精神的問題は，身体症状としてあらわれることが多い。例えば，不登校などは初期の症状として腹痛，頭痛などを訴えることが多いのは，よく知られたところである。このようなとき，心身両面の健康問題に関わる養護教諭は，精神面での相談を受けるという役割を明確に打ち出している教育相談担当の教師，スクールカウンセラーなどより，早期に生徒の問題に気付くこともある。(3) 保健室は，横になることができるなど，児童・生徒に独特の安心感を与える場所になっている。児童・生徒のなかには学校には登校できるが教室には入ることができず保健室でほとんどの時間を過ごすケースもあり，これらは"保健室登校"とよばれている。このようなケースが話題になること自体，保健室や養護教諭が精神的に問題を抱える子どもに対して果たす役割の大きさを物語っている。

　なお，養護教諭が教育相談に関連して適切な役割を担うに際しては，以下のような点に注意すべきであろう。まず，養護教諭の側の留意すべき点として，問題を保健室のみで抱え込まず，学級担任や管理職などと日ごろから十分なコミュニケーションをとるように心がけておくことが挙げられる。一方，養護教諭以外の教師が心がけるべきこととしては，教育相談の校内組織に養護教諭を位置づけること，職員会議で養護教諭からの報告する機会を確保すること，事例検討会や校内研修などで養護教諭からの事例を取り上げることなどが挙げられよう。

④管理職の教育相談的役割

　通常，校長，教頭（副校長）などの管理職の業務として教育相談が強調さ

れることは少ない。しかし，その学校全体の教育相談体制の環境整備や教師への支援を行ってゆくような管理職ならではの役割もある。とくに深刻ないじめ事件や非行などの問題が発生してしまったとき管理職が毅然とした態度で臨み適切な指示をすることは，他の教師やスクールカウンセラーの行う支援活動の成否を決定づけるので重要である。他にも，(1) 教職員の精神衛生に気を配り，それぞれの教職員の悩みの相談に乗ったりするような支援，(2) それぞれの業務に追われる学級担任や教育相談担当の対応が及びにくい学校全体の雰囲気を把握したり，いじめの場になりやすい校舎裏など目のつきにくい場所などを見回ることや，学級担任の依頼を受けて問題を抱える児童・生徒を指導するなどといった児童・生徒に対する支援，(3) 学級担任では対応の難しい保護者への対応，(4) 学校の代表として普段から校外の相談機関や医療機関などと良好な連携関係を維持できるように努めたり，地域住民と協力関係を形成維持し児童・生徒のいじめや非行といった問題の発生を予防することなどが挙げられよう。

以上，教師としてのそれぞれの立場を手掛かりに教育相談の具体的活動とその在り方についてみてきた。しかし，実際には教育相談は学校の教師のほか多くの専門家によっても担われている。そのなかにはスクールカウンセラーのような学校のスタッフの一員として日常的に教師と関わる立場にある者もいれば，医療機関や警察関係の相談機関のように普段はあまり接することのない立場にある者もおり，その役割もさまざまである。これら教師以外の教育相談の専門家については5節で改めて取り上げることにする。

3. 教育相談における面接技法

教育相談における面接の位置づけ

学校における教育相談の活動は上記のようにさまざまなものが含まれるが，やはり，教育相談は生徒指導の中でもとくに個人に焦点を当てるものといえるだろう。そう考えると，その活動の中心となるのは個人を対象とした面接になってくるであろう。教育相談における面接活動はたんなる叱責や教育的指導と異なり，臨床心理学的な背景をもった専門技法と考えられる。以

下,『生徒指導資料　第21集　学校における教育相談の考え方・進め方―中学校・高等学校編―』(注4)や『生徒指導提要』の記述をもとに筆者の見解を加えながら紹介する。

面接場所と秘密の保持

　まず，周囲から気付かれにくく，また，話し声の漏れないような場所の確保が必要となる。もちろん，校内に面接室などがあればよいが，現実にはなかなか適切な場所を探すことが難しいこともある。また，**秘密の保持，個人情報の保護**にも注意をはらわなければならない。面接で児童・生徒が話した内容は，他の教職員，友人，保護者などに漏らしてはならないし，もし，話す必要があるときは事前に本人に了解を得る必要がある。ただし，もちろん，例外もある。例えば，本人が「自殺をする」と公言した場合などである。また，複数の児童・生徒が絡んだ事件などに関して複数の対象者に面接を行う場合なども，どこまでを秘密として保持するべきか判断の難しいこともあるかもしれない。とはいえ，原則として秘密厳守であることは踏まえたうえで適宜対処することが望まれる。なお，秘密保持に関しては保護者を対象とした面接でも基本的には変わらない。

相談時間

　多忙な教師が個別の相談時間をとるのは，なかなか難しいかもしれない。しかし，短い時間でも教師が真摯な態度で児童・生徒の気持ちを受けとめてあげることは，十分意味がある。
　したがって，時間に関してはあらかじめ必要と思われる時間を告げておき，それを超えるときは次回の時間を約束しておくことも必要であろう。また，事前に時間を約束したときは，それを厳守することもいうまでもない。

面接記録

　面接中の記録は特別に必要と思われること以外は記録しないほうがよい。とくに，必要なときはメモをとることを告げるとよい。ただし，高度に専門的な臨床心理学の技法を用いた面接を行う場合は，むしろ詳細な記録をとる

ことが必要であるが，一般に教師が行う相談においてそこまでしなくてはならないことはあまりないであろう。

面接の座席

　面接時には，できれば，対面して座らないほうがよい。これは，もちろん時と場合にもよるが，とくに不適応状態にあると思われる児童・生徒に呼びだし面接を行う場合は，取調室のような雰囲気では，児童・生徒も心を開いて話せないので，向き合うことは避けたほうがよいかもしれない。面接室の状況にもよるが，お互いの向きが90度になるような配置にして着席するのがよいだろう。また，ドアをあけるとすぐに児童・生徒の顔が正面から見えるような位置もよくない。他の者が間違えて入室してくることもあるかもしれないからである。

面接の進め方

　まず，いきなり本題に入るのではなく，はじめは相談に来た労をいたわるなど，**相談につながる言葉がけを工夫する**。本題に入ってからも，説得するという姿勢ではなく，児童・生徒の言葉を引きだし心をこめて聞くこと（**傾聴**）に重きをおく。そして，児童・生徒の立場に立って悩み苦しんでいることをそのまま理解するようにつとめ（**共感的理解**），それを批判しないでそのまま受け入れる（**受容**）。具体的には，児童・生徒の話していることを心に染み入るように聞いて，そのまま**繰り返し**言葉にして返す方法が基本になる。例えば，児童・生徒が「とても不安な気持ちになるんです」といったら，教師は「なるほど，不安な気持ちになるんだね」といったような調子である。とくに，不適応に陥っている場合は，自分の感情をうまく表現できなくなっている場合が多い。そのようなケースでは，少しでも自分の感情の表現ができたときには同じ言葉を児童・生徒に返す**感情の伝え返し**をするとよい。また，相談中に生徒が**沈黙**しても，何かを話すようにせかしたりせず，沈黙の意味をじっと考え，その場を共有するような姿勢が必要である。さらに，ある程度話が進んできたら，児童・生徒が話した内容を適宜**要約**するのもよい。児童・生徒は教師が自分を理解してくれたという気持ちになれるであろ

う。児童・生徒によっては自分の内面の悩みをうまく言葉として表現できないことがある。それはたんに言語表現ができないということだけではなく，自分自身の問題を明確にとらえることができず，それが感情の流れをせき止め心理的葛藤の原因になっていることもある。そのようなとき教師が児童・生徒の立場に立って感じた言葉をそのまま表現してやれば，それによって児童・生徒は自分自身の気持ちを**明確化**することができるのである。また，こうした面接においてはとかく傾聴するばかりになりがちだが，明確化を行うに際しては，必要に応じて「あなたが困っていることはこのようなことなのかな？」といった調子で話しを適宜要約して質問をしてみてもよい。そうすることで，教師が真剣に話を聞いていることを伝えることにもなるからだ。このようなやり方で面接を進めることで，児童・生徒が自分から問題解決の糸口を見つけること，すなわち，**自己解決**を促すことになる。そして，その結果，児童・生徒が自己決定，自己選択をできるようになれば，相談は終結である。

　以上の面接の手法は，1回の面接時間内にも適用できるし，数回にわたる面接のなかで順次発展的に用いられることもあるかもしれない。また，場合によっては保護者を対象として相談を行うことや，児童・生徒と保護者を同席させることもあるかもしれないが，その場合も基本的な手法としてはだいたい同じものを考えておけばよい。

　ただ，児童・生徒の問題行動や不適応が著しい場合や，医学的な対応が必要な場合は，ここで述べたような基本的な面接技法だけでは対応しきれないので，さらに専門的な臨床心理学の技法を取り入れた面接を行うことになる。しかし，そうした面接は高度な専門的訓練を受けた臨床心理の専門家や専門医が行うもので，現場の教師でこれを行い得るものは数少ない。したがって，専門家を対象としていない本書では扱わない。なお，そうした臨床心理学の専門的な技法の基礎となる考え方については第5章で紹介したい。

4. 教育相談を行う者に求められる資質

技術以外に必要なもの

さて，前節では教育相談活動の中心をなす面接の技法について述べたが，実は注意しておかなければならないことがある。教育相談は，確かに臨床心理学を背景とした専門的技法に多くを負っている。しかし，それは技術に終わってはならないのだ。教育というものは児童・生徒に人間としての成長を促すものであり，生徒指導や教育相談はその中心的役割を担うものである。ということは，教育相談を行う者はたんに必要な技術を身につけるだけでなく，人間としてそれにふさわしい資質を備えていなければならない。その資質をふつう**カウンセリング・マインド**とよぶ。

カウンセリング・マインドとは

カウンセリング・マインドとは1980年代ごろからわが国の教育界でさかんに強調されるようになった標語で，わが国でつくられた和製英語の１つである。その意味するところは必ずしも明確ではないが，教育相談などの人間同士の関わり合いが大きな役割を示す場面で，相手の気持ちを大切にし，相手の立場にたって感じ，考え，さらには，相手の存在そのものを完全な形で肯定的に受け入れようという姿勢をさすようである。このようなカウンセリング・マインドの定義は，先ほど面接の技法として述べたこととかなりの部分重なっていることがわかる。しかし，面接の技法とカウンセリング・マインドは同じものではない。つまり，面接の技法は面接のなかだけでのことを述べているが，カウンセリング・マインドは，およそ，教師と児童・生徒との接触のある場面ではどんな場面でも要求されるものなのである。このような意味で，カウンセリング・マインドは教育相談に限らず教育に関わるすべての者がもつべき資質とされるのである。

ちなみに，文部省は，カウンセリング・マインドについて以下のように述べている。

「（カウンセリング・マインドとは）日常の教育活動において必要な教授態度の重要な要素として，次のような内容を含んでいた。

①単なる技法を越えた人間としての在り方を問題にしていること
②理解し，理解される教師と生徒の人間関係をつくることを大切にすること
③生徒の自主性・自発性・自己決定力を尊重し，これらを伸ばすための援助としての姿勢を大切にすること

この言葉の意味するところは，教育相談室を中心とする狭義の相談活動を行うときのみならず，教師の教育活動全体を通じて具備すべき教育指導の視点を示しているものである。生徒指導の一環として重要な役割を担う教育相談を考える場合に重要である (注4)」。

カウンセリング・マインドの実際

例えば，面接の場面では受容的，共感的に接しても，一歩，面接室から出たらその児童・生徒と廊下であってもろくに話し掛けもしないという教師がいたとする。このような教師は，面接の技法は身につけているがカウンセリング・マインドをもっていないということになる。カウンセリング・マインドをもっている教師ならば，面接室の外でもふだんから児童・生徒の態度や心の動きに注意を払い，必要ならば声をかけ，彼らが感じていることに耳を傾ける。そして，それを受け入れ，決して叱責することなく精神的な成長を促す方向に導くのである。したがって，授業中，休み時間の日常的な声かけ，課外活動への積極的な参加，児童・生徒と触れ合う時間をできるだけつくるように努力することなどは，カウンセリング・マインドの実践の第一歩といえよう。

カウンセリング・マインドの問題点

カウンセリング・マインドという標語は，教育相談を行う者にとってたんに技術を磨くことよりも，人間としての資質を磨くことの大切さを示したという点で，1つの本質をついたものといえよう。しかし，カウンセリング・マインドという言葉は，どこか，定義にあいまいなところがあり，ときに誤解もみられる。児童・生徒に対して単に"やさしい先生になる"こととカウンセリング・マインドを身につけることとを混同している例などはよくある

誤解である。こうした教師が学級担任となって学級経営面で問題を抱えてしまったという話はときに耳にすることもある。また，カウンセリング・マインドを身につけようと心がけるあまり，それが勇み足になって児童・生徒にとって必ずしもプラスになっていないこともある。先ほど面接の場面では受容的，共感的に接しても，一歩，面接室から出たらその児童・生徒と廊下で会ってもろくに話し掛けもしない教師はカウンセリング・マインドが身についていないと述べたが，だからといって，児童・生徒の側からすれば教師からいつでも大声で声をかけられることがうれしいとも限らないだろう。相談に行っていることが知られたくない場合もあるだろうし，そうしたときはむしろ教育相談担当から声をかけて欲しくないはずである。さらに，カウンセリング・マインドを強調する教師の中には，臨床心理学を中心とした専門技法を取り入れ発展してきた教育相談の専門性を軽視しようという姿勢もときに見られる。

　そのようなこともあり，近年は，教育現場でも以前ほどカウンセリング・マインドを強調することは減ってきているようにも思われる。しかし，この用語は，とくに学校における教育相談を語るうえで，依然として，キーワードの１つになっていることは確かである。教育相談に携わる者としては，その功罪両面を知ったうえで，必要に応じて使用してゆくことが現実的なところなのかもしれない。

5. 教育相談の専門家と専門機関

専門家による教育相談

　さて，先ほど２節においてさまざまな教師の立場から教育相談の活動内容について整理してみた。しかし，そこでも述べたように，教育相談は必ずしもそれらの教師によってのみ行われるものではない。児童・生徒の不適応や問題行動の背景にある要因はますます複雑化し，近年では発達障がいやさまざまな精神・行動面での症状と関連していることが指摘されるようになった。そうした状況を考えれば，学校における教育相談も，実際には，学外を含めた多くの専門家の力を借りることで，はじめて成り立ちうるものであ

る。そこで，本節では，そうした専門家や関連する学外の相談機関などについてみてゆきたい。

以下，本節では，スクールカウンセラーおよびスクールソーシャルワーカー，教育相談所，児童相談所，その他外部の相談機関，医療機関の別にみてゆきたい。

スクールカウンセラーとスクールソーシャルワーカー

スクールカウンセラーとは，学校における教育相談活動に臨床心理学の専門家として関わる者で，基本的には臨床心理学，精神医学，精神保健などに関する専門的教育を受け，それらの知識と技術を有する者をいう。

①臨床心理士とスクールカウンセラー

学校における教育相談活動のなかでスクールカウンセラーが目に見える形で活躍するようになったのは，実はそれほど新しいことではない。欧米，とくにアメリカにおいては，数十年前からスクールカウンセラーはすでに定着した存在になっていたが，わが国は長い間その役割を担任の教師をはじめ，教育相談担当の教師や養護教諭が担ってきたのだ。その理由はいくつか考えられるが，教師を特定の教科の専門家として処遇することよりも，教育活動全般に広く関わらせることが望ましいとみなしてきたわが国独特の教育現場の風土はおおいに関係があるだろう。また，わが国は欧米と比べ臨床心理学の専門家の資格の制度化が遅れていたこともその一因と考えられる。

しかし，1990年前後から不登校，いじめのような学校における不適応や問題行動が深刻化するに伴い，教育現場でも旧来のような臨床心理学に関する専門的な教育を受けていない教師だけでの対応では十分でない，という意見が強まってきた。

折しも，1988年，**日本心理臨床学会**が母体となり**日本臨床心理士資格認定協会**が設立され，**臨床心理士**が認定されるようになった。臨床心理士の資格の制度化に際してはわが国を代表する臨床心理学者の多くが積極的に参加したこともあり，臨床心理士はまもなく公的な資格に準ずるものとして社会からも広く認知されるようになった。この臨床心理士の資格に注目した当時の文部省は，臨床心理士をスクールカウンセラーとして学校に派遣するとい

う試みをはじめた (注5)。

②スクールカウンセラーの派遣事業

1995年からはじまったこの試みは，当初は「スクールカウンセラー活用調査研究委託事業」といわれ，スクールカウンセラー導入の効果を試験的に検討するものとして行われた。はじめの数年は，各自治体に配置されたスクールカウンセラーはその数も地域の数校あたり1人という割合であったため，その中の1校にスクールカウンセラーを配置し他の数校は必要に応じて対応を依頼する拠点校方式や，地域の数校にスクールカウンセラーが定期的に巡回する巡回方式などといったやり方がとられていた。しかし，2001年度からは恒常的な「スクールカウンセラー活用事業（2009年度からはスクールカウンセラー等活用事業）」として実施されるようになり，すべての学校にスクールカウンセラーを配置することを目指して，予算の増額が行われるようになった。スクールカウンセラーの配置は中学校を優先してすすめられた結果，2013年度にはほぼすべての中学校（およそ1万校）にスクールカウンセラーがおかれることとなった。また，小学校も順次配置がすすめられ2013年度の段階で全小学校の65％（およそ13,800校）でスクールカウンセラーが勤務しており，今後も増員が図られる見込みである。

スクールカウンセラーの勤務形態は，ふつう，非常勤で週あたり8～12時間の勤務（とくに必要な場合は30時間までの勤務も可）となっており，これについては，身分の不安定さなどいくつかの問題点も指摘され議論になっている。

③スクールカウンセラーの役割と効果

文部科学省はスクールカウンセラーの役割として，以下の7つを挙げている (注6)。

(1) 児童・生徒に対する相談・助言（いわゆる個人を対象としたカウンセリングを実施すること），(2) 保護者や教師に対する相談（問題を抱えている児童・生徒本人に直接対応するのではなく，そのケースにかかわる立場にある者の相談に乗り助言をすること。とくに教師に対する助言はつぎの (3) と併せてコンサルテーションといわれる），(3) 校内会議等への参加（各学校で行われている職員会議，事例検討会などに参加し，外部の専門家として

の立場から助言などを行うことなど），(4) 教職員や児童・生徒への研修や講話（教職員，あるいは，児童・生徒などに教育相談や臨床心理学，あるいは，心の健康に関する知識を提供することなど），(5) 相談者への心理的な見立てや対応（心理テストの実施をはじめ専門的な立場からアセスメントを行い，必要に応じて外部の医療機関の受診等につなげることなど），(6) ストレスチェックやストレスマネジメント等の予防的対応（児童・生徒にアンケートなどを実施しストレスの状態を把握し，ストレスに対処するためのさまざまな方略を教示するなどし，精神的健康の維持，不適応の予防につなげることなど），(7) 事件・事故等の緊急対応における被害児童・生徒の心のケア（災害，あるいは，学校の周辺での事故などによって激しい心的外傷（トラウマ）を負った児童・生徒へのカウンセリングの実施など），である。（以上，（　）カッコ内の解説は著者が追加したもの）

　スクールカウンセラーの役割は，専門性と外部性にあるといわれる。臨床心理士，精神科医など専門的な訓練を受けた者が高い専門性を有することはいうまでもない。しかし，その専門性が有効に発揮できるには，スクールカウンセラーが組織の事情や教師同士の人間関係などに左右されず独立して活動できる立場にあることが必要である。校長をトップにした体制のなかで職務を行っている他の教師に対して，スクールカウンセラーは多くがその学校以外の勤務先を兼職しているなど，いわば，外部の人という側面をもっており，こうした外部性がスクールカウンセラーの独立を担保していると考えられる。また，そうした外部性のゆえに，児童・生徒や教師は，普段の職場の体制とは別の枠組み，人間関係のなかで相談できる状況がつくり出されている点も重要である。多くの学校でスクールカウンセラーならば心を許して相談できるといった雰囲気があるのも，この外部性によるものだろう。

　一方で，スクールカウンセラーといえども，学校組織の一員として，管理職の指導や学校の方針のもとで活動を行っているという側面もある。

　そうした点の認識が十分でないため，スクールカウンセラーと教師との間で必要な情報の共有がなされないことがある。また，そもそも，教育委員会（行政側）において，スクールカウンセラーをどのように活用するかについてのビジョンや方針が明確でないため，外部性，専門性のどちらも生かし切

れていない場合もあるという(注6)。

　文部科学省は2005年に過去10年のスクールカウンセラーの活用の成果を総括して，(1) まず，学校全体からみた効果として，スクールカウンセラーの助言により，家庭，関係機関との連携の下，学校全体で生徒指導に取り組めるようになった，(2) また，児童・生徒からみた効果として，スクールカウンセラーが，教師とは異なり，成績の評価などを行わない第三者的存在であるため，児童・生徒が気兼ねなくカウンセリングを受けることができた，(3) さらに，教師からみた効果としてスクールカウンセラーの助言を受けることにより，児童・生徒と接する際の意識が変わるとともに，児童・生徒のさまざまな悩みに関し，適切な対応をとることができるようになった，という3点を指摘し，その成果を強調している(注7)。

　このようにスクールカウンセラーの役割とその効果については一定の社会的な認知を得るに至っているが，特別支援教育コーディネーターやつぎに述べるスクールソーシャルワーカーとの役割の差異の明確化，連携などの課題も新たに生まれており，今後もさまざまな形で議論がなされてゆくものと思われる。

④スクールソーシャルワーカー

　スクールカウンセラーは児童・生徒の不適応や問題行動の背景にある心理的な要因を扱うことにかけては，専門家といってよいだろう。しかし，実際には不適応や問題行動の背景には，家庭，友人関係，地域，学校などそれぞれのケースのおかれている環境の問題がある。そうした環境の問題は，近年，次第に複雑化してきており教師の努力やスクールカウンセラーの専門性で解決できる範囲を超えている場合もみられる。そこで，そうした環境の調整を行う社会福祉の専門家，つまり，スクールソーシャルワーカーの導入の必要性が認識されるようになってきた。

　スクールソーシャルワーカーは，アメリカでは，(州によって差はあるが)1980年代ごろから積極的に配置されるようになった。わが国では，それより20年ほど遅れて，2000年に兵庫県赤穂市教育委員会で試験的に導入したのがはじめてとされる。その後，香川県，茨城県結城市，大阪府，東京都杉並区，一部の大学の附属学校などで導入が試みられた(注8)。

こうした流れを受けて文部科学省は2008年度からスクールソーシャルワーカー活用事業を開始した。この事業はその後も続けられ，2013年度には1,355人がこの制度によってスクールソーシャルワーカーとして採用され，活躍している。また，このほか，自治体独自の制度によって配置されているスクールソーシャルワーカーもいるが，その数はスクールカウンセラーに比べるとまだ少なく，試験的な段階にとどまっている。スクールソーシャルワーカーの配置形態も，スクールカウンセラーと同じようにそれぞれの学校に決まった時間帯に勤務する学校配置型もあるが，教育委員会や教育事務所などの拠点に勤務し要請に応じて各学校に出向き，また，必要に応じて巡回を行う教育委員会配置型をとっている自治体も多い。

　文部科学省はスクールソーシャルワーカーの業務として，(1) 問題を抱えた児童・生徒がおかれた環境への働きかけ，(2) 関係機関等とのネットワークの構築，連携・調整，(3) 学校内におけるチーム体制の構築，支援，(4) 保護者や教師等に対する支援，相談，情報提供，(5) 教師等への研修活動，の5つを挙げている(注9)。これらの中にはスクールカウンセラーの業務と重なる部分もあるが，スクールソーシャルワーカーは児童・生徒を取り巻く環境に対してアプローチすることに主眼をおいており，そのような意味で，スクールカウンセラーとは異なる専門性を有している。

　一方，スクールカウンセラーは，不適応や問題を抱えた児童・生徒個人の行動や内面に焦点を当てて，それらを修正することで適応を図るというアプローチをとっており，いわば，個人の側に焦点を当てている。このようにスクールソーシャルワーカーは，スクールカウンセラーと異なる専門性をもちながら，両者はそれぞれの不得意な部分を補うような位置づけにあると思われる。

　ただ，スクールカウンセラーの多くが臨床心理士の養成大学院の出身者で比較的均一の専門教育を受けてきているのに対し，スクールソーシャルワーカーについていえば，現状では，およそ半数の者が社会福祉士の有資格者ではあるものの，他に精神保健福祉士，教員免許の所持者，臨床心理士等の心理学関係の資格の所持者も含まれているなど(注6)，必ずしも，統一的な資格要件が確立されているわけでもない。社会福祉士についても，社会福祉の

専門家ではあるが，必ずしも，学校現場に通暁しているともいえないという指摘もあるなど，スクールソーシャルワーカーの養成システムや専門性の確立には，まだ，課題も残されている。

しかし，これまでスクールソーシャルワーカーを導入してきた自治体の報告を参照する限り，一人の問題を抱えた児童・生徒にスクールカウンセラーとスクールソーシャルワーカーがともにそれぞれの専門性を発揮しながら関わることの有効性は明らかであり，今後も，スクールソーシャルワーカーの配置が行われてゆくことになるだろう。

外部の相談機関，医療機関

児童・生徒の精神的な問題について相談可能な機関は表1-1に記した。このうち，学校の教育相談活動と一番関連が深いのは，市町村が**教育相談所，教育研究所，教育センター**などの名称で設置している相談機関であろう（以下，教育相談所という）。ふつう児童・生徒とその保護者，そして，必要な場合は地域内の小学校，中学校，高等学校の教師からの相談を受けている。相談形態は，相談者の来所によるものが中心だが，電話相談も行っている。また，近年は，電子メールによる相談を受け付けていることもある。

教育相談所は，地理的にも比較的近いところに設置されており，原則的に無料で相談が受けられるので利用しやすい。相談にあたるのは，臨床心理士など臨床心理学の専門教育を受けたもの以外に，地域の学校の教師の経験者などもいて，現場の教師とは互いに面識もあり連携をとりやすいという面もあるようである。教育相談所では保護者，教師との面接の他，本人には遊技療法，箱庭療法などの心理療法（第5章参照）を実施しているところもある。しかし，医師は配置されていないので医学的な対応が必要な場合は，専門医療機関を受診することになる。地域の事情によって差もあるだろうが，教育相談所では特定の専門医療機関を紹介することはあまりないようである。

教育相談所についでよく知られた相談機関が**児童相談所**であろう。児童相談所は，児童福祉法に基づき18歳未満の児童・生徒とその保護者などの相談を受け付けている。

児童相談所では，児童の社会福祉の専門職である児童福祉司に加え，都道

府県などが採用する心理専門職が中心となっている児童心理司が配置されている。児童心理司は臨床心理士等の心理学関係の資格の保有者も多い(注10)。その他相談員,心理療法担当職員などの職種もおけることになっている(注11)。また,児童相談所には医師も配置されており,医学的な立場から相談を受けられる仕組みになっているが,現実には医師が相談にあたることはあまりないようだ。

　児童相談所の相談内容は,養護,保健,障がい,非行,育成の5領域に分類されている。このうち,最も多いのは障がいに関するものだが,近年は,養護相談(とくに児童虐待に関するもの)が急増しているといわれる。教育相談所で最も相談件数の多い不登校に関するものは育成相談に含まれるが,これらは必ずしも多くはない。児童相談所は,教育相談所と異なり都道府県や政令指定都市などが設置するもので,必ずしも数は多くない。地理的に利用しにくい地域もあり,教育相談所よりはやや距離感があるかもしれない。また,急増している児童虐待に関する相談は,相談内容も深刻化しているといわれ,その対応のために児童相談所も人手不足の状況にある。そうしたことから,不登校などの一般的な教育相談のケースまでなかなか手が回らない現状もあるといわれる。

　警察関連の相談機関,**少年鑑別所**などは一般に非行と結びついたイメージがあり精神的な問題で相談することは一見想像しにくいが,これらの機関も,一般に向けて相談活動を実施している。とくに**少年鑑別所**の**法務技官**は臨床心理学などの高度な専門知識や技術を有しているということは,知っておくべきであろう。

　つぎに,医療機関や民間の相談機関について少しだけ述べる。医療機関や民間の相談機関は規模,専門家の配置状況などさまざまであり,少ない紙面で評価することは難しい。一般的にいえば,ふつう精神的な問題を抱えるケースでは,児童や青年を専門とする精神科,神経科などの医療機関を受診させることが望ましい(なお,精神科,神経科の医師のなかには成人の診療を中心に行っていて,児童や青年の精神疾患や不適応に対しては不慣れな者もいるので注意が必要である)。

表1-1 児童・生徒の主な相談機関の概要

機関名 (設置の根拠となる法律や所管の官庁)	設置主体	主な業務	①対象者 ②相談内容の概要 ③相談の形態	主たる相談者	設置状況 相談受理件数
教育相談所，教育センター等 (地方教育行政の組織及び運営に関する法律30条)	都道府県，市町村の教育委員会	教育相談 教育に関しての調査 教員に対する研修	①本人，保護者，教職員など ②教育，健康，精神的な問題，非行など，いわゆる教育相談に関する全般的な内容 ③来所，電話，訪問	①臨床心理士もしくは心理学等の専門教育を受けた者 ②教員経験者など	都道府県・指定都市 185箇所 市町村1,592箇所 都道府県指定都市 191,344件 市町村 824,252件(2012年)
児童相談所 (児童福祉法第12条)	都道府県，指定都市，児童相談所設置市	18歳未満の児童に関する相談を受け調査，判定を行ったうえで，個々の児童や保護者の指導，さらには，児童福祉施設への入所措置や，緊急時の児童の一時保護を行う	①本人，保護者，その他 ②教育，健康，精神的な問題，非行など，いわゆる教育相談に関する全般的な内容 ③来所，電話相談	①医師，児童心理司，その他の心理学の専門職 ②児童福祉司あるいは福祉，教育などの専門職	都道府県178箇所。指定都市，児童相談所設置市，29箇所(2013年) 376,926件(2012年)
家庭児童相談室 (厚生労働省所管)	都道府県，市町村の福祉事務所	福祉事務所が行うらち福祉に関する業務のうち専門的技術を要するもの	①本人，保護者，その他 ②主に児童の養育などの相談 ③家庭訪問，あるいは，来所による相談。一部，電話相談などでも	家庭相談員	964箇所 (2004年) 979,657 (2004年，ただし，延べ件数)
都道府県の警察本部・警察署の少年課，少年サポートセンターなど(警察法第36条及び53条)	都道府県の警察，公安委員会	非行少年の補導，被害少年の保護，少年相談，その他	①本人，保護者，その他 ②非行など少年引きに関連した相談(少年相談) ③面接，電話，電子メールなど	少年補導職員 都道府県警察が採用する心理学の専門職 少年課等所属の警察官	少年サポートセンター 196箇所 警察官1,169箇所 65,125件(2013年)

5．教育相談の専門家と専門機関　29

機関名（根拠法）	設置主体	業務内容	対象・方法	担当者	箇所数等
青少年センター（少年補導センター、青少年育成センター等）（内閣府所管）	地方公共団体、市町村の組合連合協議会等、一部の民間団体	街頭補導、環境浄化活動、少年相談、学習支援、就学支援など	①本人、保護者、その他 ②青少年問題に関する相談 ③直接面接、電話、電子メールなど	少年相談担当者（経歴はさまざま）	708箇所（2014年）直接面接135,190件 電話相談85,600件 メール相談6,213件（2012年）
少年鑑別所（法務省設置法第8条）	国（法務省）	少年の収容、少年の鑑別 これとは別に一般からの相談を受け付ける	①本人、保護者、その他 ②非行など少年犯罪に関連した相談 およびその他精神的な問題 ③面接、電話など	少年鑑別所の技官（国が採用する心理学の専門職、および一部医師）	52箇所　27,571件（2013年、一般からの相談件数）
保護観察所（法務省設置法第15条）	国（法務省）	保護観察対象者の生活の調整、矯正施設収容者の生活の調整、犯罪被害者の支援など これとは別に一般からの相談を受け付ける	①本人、保護者、その他 ②非行など少年犯罪に関連した相談 およびその他精神的な問題 ③面接、電話など	保護観察官（国が採用する心理学等の専門職）、保護司	50箇所
法務局及び地方法務局等の人権相談（法務省設置法第15条）	国（法務省）	人権問題について相談を受ける。また、問題解決に必要ならば相談対象について関連の公的機関通報、あるいは紹介などの措置を行う	①本人、保護者、その他 ②人権に関わるような問題の相談 ③電話（子どもの人権110番）、手紙（子どもの人権SOSミニレター）、インターネット（インターネット人権相談受付窓口）	人権擁護委員、法務局、地方法務局の担当者	法務局・地方法務局50箇所ならびに、それらの支所264箇所　256,447件（2013年、ただし、人権相談のすべての件数）
児童家庭支援センター（児童福祉法第44条）	都道府県、市、社会福祉法人等	地域の児童の福祉に関する諸問題について相談に応じ、必要な助言を行う。また、児童相談所からの受託による指導、各種連携業務などを行う	①本人、保護者 ②主に家庭、育児などに関連した相談 ③面接、電話相談など	相談、支援を担当する各職員（臨床心理士などの有資格者を含む）	98箇所（2013年）
精神保健福祉センター（精神保健及び精神障害者福祉に関する法律第6条）	都道府県および政令指定都市	精神保健福祉に関する知識の普及、各種施設の実施、相談指導事業等	①本人、保護者、その他 ②一般事業として、精神保健に関する相談、特定相談として、アルコール関連問題および思春期精神保健に対する相談指導など ③面接および電話相談	医師など	全国69箇所（2013年）451,644件（2012年）

内閣府「平成26年度版 子ども・若者白書」のpp.282-283ページの表をもとに著者が作成。

しかし，精神科，神経科受診に対しては社会的な偏見もあり受診に積極的でない保護者も多い。このような場合，教師は，偏見の除去に努めなければならないことはいうまでもない。また，近年では関連法規の改正もあり，**心療内科**という診療科名を冠した医療機関も増えている。心療内科の詳細はここでは述べないが，一言でいえば，心療内科とは現代社会特有の人間関係やストレスが原因となっておこる心身症を中心に診療する科と考えてよい。そのような意味では，児童・生徒の不適応，問題行動のうちある程度の範囲は心療内科で診察してもらうことも可能なのかもしれない。ただし，心療内科についても，必ずしも児童や青年に詳しい医師がいるとは限らない点も，一応，注意しておくべきだろう。

つぎに民間の相談機関であるが，これらについては医療機関以上にさまざまな形態があるため一般的な評価が難しい。ふだんから，地域の民間相談機関に関する情報を収集しておくこくことが望ましいという他はない。また，医師をおかない民間の相談機関は原則として健康保険の適用対象にならないので，相談料金も高額になることもある。

6. 学校精神保健について

精神保健の概念

学校精神保健について述べる前に，まず，精神保健（mental health）について述べておこう。精神保健とは，簡単にいえば，人々の精神面での健康の維持，増進を目指すために精神と身体の関連を科学的に研究し，それを実践的に応用することである。心理面での健康を維持，増進するためには，当然ながら，不健康を予防し，回復するための活動も含まれる。精神保健はそれらの活動に関するすべての学問分野の知識を積極的に取り入れているので，その関連領域は**精神医学**，**臨床心理学**はいうまでもなく，**疫学**，**公衆衛生学**などの**社会医学**，**心身医学**，**社会学**などかなり広範にわたる。なお，そうした多様な領域にまたがりながらも精神保健は科学としての客観的な態度は堅固に保っている。そのような意味で精神保健は，科学としての客観性をもちながらも悩める人を理解，援助するためにときとして客観性を超えた主観の

世界に足を踏み入れることもある臨床心理学とはやや違った趣をもった領域を形成している。

なお，精神保健とよく似た用語で**精神衛生**（mental hygiene）という言葉がある。これは，主に精神病を中心とした心理的な不健康の回復に関して用いられる用語で，かつては，精神保健よりもよく使われていた。しかし，今日のように心理的な健康をより広くとらえ，その予防，回復ばかりか増進も目指すことに重きがおかれるようになってからは，あまり，一般的ではなくなっている。本書でも精神保健に統一して話をすすめる。

精神保健の歴史

古来，日本，欧米を問わず，精神に障がいをもった者は差別や偏見にさらされていた。欧米では，キリスト教社会が成立したのち，中世末期から17世紀ごろまで，キリスト教の教えに反する悪霊が乗り移った者を捕らえ宗教裁判にかけ処刑する**魔女狩り**が行われてきたが，魔女として処刑された者のなかには，今日からみると何らかの精神の障がいをもつと考えられる者も含まれていたのではないかといわれる。また，魔女狩りが廃止された後も，精神に障がいをもつ患者は牢獄のような施設に収容され，手錠や足枷をはめられるなど，ひどい扱いを受ける時代が長く続いた。

18世紀の末になりフランスの医師ピネル（Pinel, P.）がパリの病院で精神疾患の患者にはめられていた鎖や手錠をはずし，人間的な扱いをすることで症状が改善することを主張し，今日の精神保健のさきがけをなした。さらに，前世紀はじめにアメリカ人ビアーズ（Beers, C. W.）が自ら精神病院に入院した経験をまとめた書物を出版したことがきっかけとなり，精神疾患の患者の保護や心理面での健康の増進などを訴える市民運動が巻きおこった。その結果，1909年には**全米精神衛生委員会**が成立し，アメリカにおける精神保健の土台が築かれた。また，このビアーズの運動に協力した精神医学者マイヤー（Meyer, A.）は，心の病の原因を，生物学的，心理学的，社会学的な3つの要因の相互作用として考える学説を展開し，精神保健の科学的，学問的な基礎づけを行った。

わが国では，明治以降，欧米の精神保健の考え方が取り入れられたがあま

り進歩はみなかった。ようやく，第二次世界大戦後，1950年になり精神衛生法が成立し，本格的な精神保健の基盤整備がはじまった。その後，精神衛生法は，1987年に精神保健法と改められ，さらに，1995年の改正で精神保健及び精神障害者福祉に関する法律となり，今日のような形で精神保健に関する施政や研究，実践活動が行われるようになった。

学校精神保健とは

　精神保健は，人と社会や環境が接点をもちそこに精神面での不適応が生ずる余地のあるところであれば，年齢層，地域，職場，家庭を問わずすべてをその研究，実践の対象とすることができる。当然のことながら，学校，そして，その主たる構成員である児童や生徒の問題も扱うことになる。そこに学校精神保健が成立する。とくに，不登校やいじめ，発達障がいの問題など，児童・生徒の精神面での問題が社会問題化しているような今日にあっては，学校精神保健に関する知識，実践活動の需要はますます高まっている。

　学校精神保健の機能には，①開発的機能，②予防的機能，③治療的機能の３つがあるとされている(注12)。①**開発的機能**とは学校の内外での啓発活動などを通じて普段から精神面での不健康をつくらないための素地をつくることをさし，②**予防的機能**とは，精神的な不健康の早期発見を図るために教師のカウンセリング・マインドを育てたり，保健室，教育相談関連活動の積極的な利用を図ることであり，③**治療的機能**とは，いうまでもなく，精神的な不健康状態におちいった児童・生徒の回復を援助することである。

　こうしてみると，学校精神保健と教育相談はその目的や機能からみてもかなりの重複をもっていることがわかる。しかし，教育相談が教育関係者や臨床心理学など心の問題に主な関心をもつ者の手で発展してきたのに対し，学校精神保健は，精神科医，公衆衛生学の専門家，とくに学校においては，養護教諭など心と体の両面の医学的な基礎知識や背景をもつ者によって推進されてきたという点で，その切り口には違いもある。

　例えば，精神的な症状を来した一人の生徒が目の前にいるとき，教育相談や臨床心理学の専門家であれば，まず，すべてを差し置いて，徹底した受容的態度をもって接し，生徒の心の内面に自らを移入し，悩みや不安の理解に

努めるであろう。また，治療的な措置も内面を理解することからおのずと道が開けてくるという立場をとるだろう。一方で，学校精神保健の専門家は，問題を抱えた生徒に対し受容的な態度で接することはいうまでもないが，それと同時に，その背景にある心理的，社会的な要因を客観的に分析し，症状の身体医学的な側面に注意を向けながら精神医学的な診断基準に沿って症状を理解し，治療手段を選択するという手続をとるであろう。

　教育相談的なアプローチは生徒を一人の人間として尊重してゆくという態度は重視できるが，やや主観的な独りよがりになりかねない側面をもっている。一方で，学校精神保健的なアプローチは身体医学をも含めた科学的な態度を重視するが，どこか，冷たく相手を分析しているような側面がなくもない。しかし，現状ではこのどちらがすぐれたアプローチといえるか結論を急いでも仕方ない。むしろ，両者がそれぞれの得意，不得意を理解し，補完し合うことを考えるべきであろう。

7. ライフサイクルと学校精神保健

ライフサイクルと発達

　精神保健の特徴として，精神的な健康，不健康の問題をライフサイクルに対応づけて考察するという視点がある。ライフサイクルとは人生周期などと訳されるが，人の受胎の瞬間から成長，成熟，老化を経て死に至るまでの変化の過程のすべてをさす。幼児期，児童期，青年期，成人期，老年期という人生の時期をさす言葉は，ライフサイクルの変化の過程であらわれる段階である。なお，このようなライフサイクル上の変化のことを**発達**（development）とよび，とくに精神面での発達的変化を扱う分野を**発達心理学**（developmental psychology）という。精神保健におけるライフサイクルの視点は，発達心理学の知見によるところが大きい。

　具体的に考えてみよう。人は受胎の瞬間から精神的な健康を損なう可能性を秘めている。例えば，知的障がいの1つである**ダウン症**は受胎時の染色体の異常が原因でおこるものである。また，幼児期における**分離不安障がい**や**自閉スペクトラム症**，そして，児童期に入れば**不登校**の問題もでてくる。青

年期に至れば**統合失調症**や**摂食障**がいなど青年期特有の病理があり，さらに，中高年のうつ病や高齢者の認知症など，ライフサイクルの段階に応じた精神・行動の障がいが控えている。このように精神保健をライフサイクルとの関連から考えてゆくことは，欠かせないのである。

エリクソンの生涯発達の理論

今日，ライフサイクルを考えるときその枠組みとして一番よく用いられるものにアメリカの精神分析学者エリクソン（Erikson, E. H.）の生涯発達の理論がある。

図1-1が，その概略である。このエリクソンの理論のなかで特徴的なのは**心理・社会的危機**といわれるものを考えている点にある。図中には「信頼　対　不信」「自律性　対　恥，疑惑」……というような2つの対立する概念が書かれているが，この対立が危機なのである。人が発達するというものは何も前に向かって進もうとするだけのものではない。実は前に向かって進も

発達段階	A 心理・社会的危機	B 重要な対人関係の範囲	C 心理・社会的様式	D 基本的活力
乳児期	信頼　対　不信	母親またはそれにかわる人	得る お返しに与える	希　望
幼児前期	自律性　対　恥, 疑惑	両親またはそれにかわる人	保持する 手放す	意 志 力
幼児後期	積極性　対　罪悪感	基本的家族	思いどおりにする（追いかける） まねをする（遊ぶ）	目 的 性
児童期	生産性　対　劣等感	近隣 学校	ものを作る（完成する） ものを一緒に作る	自　信
青年期	同一性　対　同一性拡散	仲間集団と外集団 指導性のモデル	自分自身である（または自分自身でないこと） 自分自身であることの共有	誠　実
成人前期	親密と連帯　対　孤立	友情・性・戦争 協力の相手	他者の中で自分を失ない，発見する	愛
成人期	生殖性　対　自己吸収	分業と協同の家庭	世話をする	配　慮
成熟期	完全性　対　絶望	人　類 わが種族	過去からそうであったように存在する 存在しなくなることに直面する	英　知

図1-1　エリクソンの生涯発達の段階
（西山　啓・山内光哉　1978　目で見る教育心理学　ナカニシヤ出版　より）

うというような建設的な側面と，むしろ，病的で後ろ向きな非建設的な側面の2側面があり，絶えず，この2つの側面が葛藤を起こしている。つまり，危機の状態にあるのである。そして，その危機が何らかの解決をみることで次の段階に移ってゆくと考えるのである。この危機の状態こそが，心の不健康の問題と大きく関連しているのである。

児童期，青年期の心理・社会的危機

　さて，このエリクソンの図式のなかで学校精神保健と関連の深い児童期と，青年期についてみてみよう。

　児童期における心理・社会的危機としては，生産性と劣等感が挙げられている。小学生は，近隣の仲間と遊んだり，学校で学んだりすることで日常を送っている。そこでは物を一緒になって作ったり，学んだりすることが行われている。そこに**生産性**があると考える。しかし，すべての児童が同じようにできるわけではない。共同作業が苦手な児童，勉強が苦手な児童もいるかもしれない。生産性は絶えず**劣等感**と背中合わせなのだ。だから，**生産性対　劣等感**という**心理的危機**が生ずるのである。この劣等感が，いじめ，不登校などをはじめとした児童期の精神保健上の問題と密接に関連していることはいうまでもない。

　次の青年期は，大体，思春期がはじまるころから20歳代をさすようである。思春期になると第二次性徴があらわれる。肉体的には生殖可能な年齢に達し，体は大人になる。しかし，だからといってそのまますぐに大人扱いというわけにはいかない。現代のような社会のなかで一人の成人として生活してゆくためには，自分がどのような職業につくのか，あるいは，社会のなかでどのような役割を果たすつもりなのか，はたまた，自分はどのように生きてゆきたいのかといったことがらについてある程度はっきりとした自己像をもつ必要があろう。エリクソンは，そのような自己像，すなわち，自分に対する一貫した感覚とでもいうようなものをとらえ**同一性（自我同一性**ego-identity）とよんだ。そして，思春期から青年期にかけての危機を，この**同一性をつくり上げること**と**同一性が拡散（混乱）すること**の対立として描いたのだ。

一般的に考えても，思春期から青年期にかけては将来を大きく方向付けるための決断をしなくてはならない時期であることは確かである。義務教育であった中学校を卒業すると，まず，就職するのか高校に進学するのかといった選択を迫られることになるし，そこで，高校に進学すればまたすぐに進学か就職かという決断をしなくてはならなくなる。進学するにしても自分自身の適性や得意，不得意を考え専門を選ばなければならないし，それは，将来自分がどのような職業についてどのような人生を送るかという人生設計と大きく関わってくる。このようななかで自分自身の同一性をはっきりと獲得できる者もいる一方で，選んだ進路が自分に不向きで思い悩んだり，ときには，学校を退学したり，就職先を何度も変えたりし同一性を拡散させてしまう者もいる。といっても，同一性を獲得するまでにさまざまな紆余曲折を経ること自体は悪いことではない。むしろ，そうして悩み苦闘するからこそ，自分自身というものをしっかりと見つめることができるという面もあるからである。しかし，同一性の拡散があまりにひどいと，それは，やはり，さまざまな心理的な不適応症状を来してくる。

とくに，現代のように複雑な社会の中で多様な価値観が認められ，それに伴いさまざまな選択が可能になっている時代では，この同一性の問題からくる心理的な不適応症状も多様になっている。主なものだけでも拒食症といわれる**神経性やせ症**や**神経性過食症**，あるいは，**境界性パーソナリティ障がい**など，青年期を代表する精神的な障がいが何らかの形で同一性の問題と関連しているといわれる。

8. 次章以下の本書の構成

ライフサイクルと発達

以上，本章では，教育相談と学校精神保健の概略について，要点を拾いながら紹介した。続く第2章から第5章までは，本章で紹介した教育相談，学校精神保健の学問的な背景をなす専門知識の中から，とくに現場の教師にも知っておいて欲しい基本的なものを選んで紹介してゆく。**第2章「精神・行動の障がいの概念と分類」**では，精神医学の診断基準にしたがってさまざま

な心の病気の定義，分類などを紹介するもので精神保健の分野に属する。教育相談関係の書物では必ずしも積極的に取り上げられるわけではないが，必要なものと考える。**第3章「児童・生徒の不適応，問題行動」**は，学校精神保健，教育相談のそれぞれが中核と考える部分である。**第4章「心理検査とその利用」**，**第5章「心理療法の基礎」**では，教育相談が背景とする臨床心理学の専門知識の基礎をまとめて紹介する。そして，**第6章「教育相談の周辺の諸問題」**では，一般には教育相談の領域に属するとはされていないものの，密接な関連がある問題の中から，とくに，近年，関心が高まっているテーマについて少しばかり紹介したい。具体的には，児童虐待，子どもの貧困と格差，教師のメンタルヘルス，特別支援教育や発達障がいなどについてである。なお，各章はそれぞれ独立して書かれているので，どのような順番で読まれてもとくに問題はない。興味，関心，必要に応じた箇所を拾い読みするだけでも十分であろう。

第2章　精神・行動の障がい(注1)の概念と分類

1. 精神・行動の障がいの大きな分類

　統合失調症や自閉症というような言葉を耳にすることは普段の生活のなかでもどきどきあるはずだ。しかし，「子どもでも統合失調症にかかることはある」といわれたとき，これが正しいか間違えているか即答できるだろうか？　目の前の児童や生徒が学習障がい（LD）だと診断が下された。そのとき「学習障がいの子どもと勉強ができない子どもとどこが違うのか」と問われたとしたら，うまく説明できるであろうか？　こういうことは案外，知っているようで知らないのではないだろうか。

　そこで本章では，教育相談や学校精神保健に関わる者にとって必要最低限知っておいてほしい精神・行動の障がいの概念とその分類について，アメリカ精神医学会が作った診断マニュアル（Diagnostic and Statistical Manual）をもとに，できるだけわかりやすく整理して紹介したいと思う。

　ところで，このアメリカ精神医学会の診断マニュアル（Diagnostic and Statistical Manual：略称DSM）は1952年に初版（DSM-I）が出されて以来，数年おきに改訂を重ねてきた。現在は2013年（日本語版の出版は2014年）に発表されたDSM-5(注2)が最新版となっており，本章でも，この最新版（DSM-5）をもとに話をすすめてゆきたい。

　ところで，この前の版にあたる第4版（DSM-IV）は1994年に出されたものだが，2000年に部分改訂（DSM-IV-TR）を経て，20年近く用いられてきたこともあり，そこで採用された用語や分類は医療のみならず教育現場でも

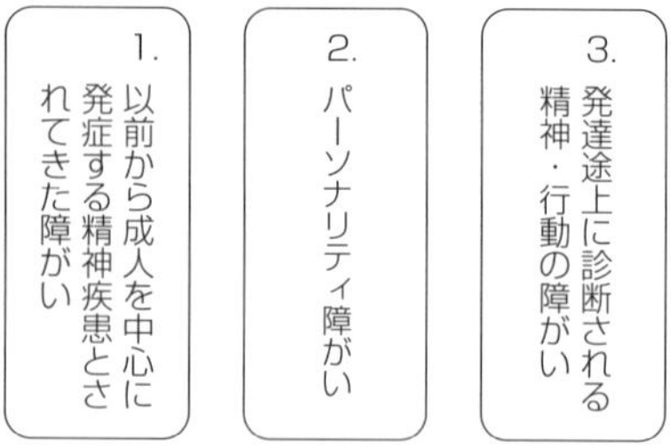

図2-1 精神・行動の障がいの大きな分類

1. 以前から成人を中心に発症する精神疾患とされてきた障がい
2. パーソナリティ障がい
3. 発達途上に診断される精神・行動の障がい

馴染みのあるものとなっている。そうしたことも考慮し，DSM-IVおよびDSM-IV-TRで用いられた用語や分類も適宜取り上げることにしたい。

では，以下，まず，精神・行動の障がいを，とりあえず，大きく3つに分けることからはじめたい（図2-1参照）。この3分類は必ずしもDSM-5に沿ったものではないが，できるだけわかりやすく整理するためにこのような分類法をとることにした。さて，本章ではそのうちの1つめを"**以前から成人を中心に発症する精神疾患とされてきた障がい**"と命名することにするが，ここにはいわゆる伝統的に心の病とみなされてきた障がいが含まれる。その最も代表的なのは統合失調症やうつ病であり，（今ではこの用語は使われなくなったが）神経症のような疾患が該当する。つぎに，2つめは，**パーソナリティ障がい**（Personality Disorder）といわれるものである。これは，前述の心の病とは異なるが，性格（パーソナリティ）のゆがみから著しい社会的な不適応を来している場合がそれにあたる。この2つは基本的には大人に見られる精神，行動の障がいであるが，これらのうちの多くは児童・生徒でも同様の症状が見られる。さらに，この2つとは別に**発達途上に診断される精神，行動の障がい**がある。これらは，ふつう幼児・児童から青年期にかけて気づかれ診断されることが多い。

2. 精神病性障がいとそううつ病，うつ病

この分類に属する障がい

ここでは，まず，図2-1の1つめのカテゴリー，すなわち"古くから精神疾患とされてきた障がい"のなかから，精神病性障がいとそううつ病，うつ

病について紹介する。これらの疾患は，かつて，精神病という分類でひとまとめにされていたものである。

このうち，**精神病性障がい**（Psychotic Disorders）とはあまり聞きなれない用語だが，その多くは統合失調症である。一方，そううつ病とうつ病は，現在では，異なる疾患とみなされるようになりつつあるが，以前は同じ系統の疾患と考えられていた。そして，統合失調症とそううつ病・うつ病を合わせて二大精神病とよぶことも多かった。

かつては精神病の特徴の1つとして，内因性と病識のなさということがよくいわれた。このうち内因性とは遺伝などの要因でひとりでに発病するという意味である。統合失調症やそううつ病・うつ病は発症には遺伝的な要因が強く働いており，また，とくに外的要因がなくても発症すると考えられていたのである。また，病識のなさとは，自分がどこかおかしい，自分の心が病んでいるかもしれない，ということについての気付きがないということである。こうした点からこれらの病気は1つのグループにまとめられていた。しかし，そうした根拠は必ずしも明確なものでもなかった。例えば，病識についていえば，このグループの疾患のうち，統合失調症が最も病識に欠け，つぎに，そううつ病，うつ病という順番になり，うつ病の患者は病識をもつ者も多い。内因性という点でも，現在ではさまざまな疑問も指摘されている。

そうした点などからも，現在では，これらの3つの病気をまとめるのは必ずしも適切ではないと考えられている。ただし，本章では，わかりやすさという点から，あえて，伝統的な分類法を残して話をすすめてゆこうと思う。

統合失調症

①症　　状

まず，精神病性障がいの代表格といえる統合失調症についてみてゆこう。**統合失調症**（Schizophrenia）は，以前は，精神分裂病とよばれていた。しかし，この用語は何か心が分裂している病気というような連想を引き出し，極端な場合，多重人格と混同されるといった誤解を招くこともあったため，2002年，日本精神神経学会の提案により統合失調症と改称された。

統合失調症の主症状は，物事をみたり，考えたりするときの根本的で独特

なゆがみと，適切さを欠いた感情，あるいは，鈍くなった感情などに特徴づけられる。そうした特徴のために社会のなかで他人と常識的で平凡な生活をすることが容易でなくなるのである。といっても知能の低下や，シンナーなどの物質関連の中毒によっておこるような意識の曇りなどによって社会生活に支障が出るわけではない。知能や意識水準に問題がないにもかかわらず「われわれが他人と生活するときに必要な他人との「共鳴」がうまくいかない。お互いがごく当たり前とする「常識」が人々と共有されにくくなる。自分だけの世界の中に入り込んでしまう(注3)」というのが統合失調症である。統合失調症にはいくつかの特有の症状がある。まず，妄想である。妄想とは現実にはありえない誤った観念のことをさすが，統合失調症の場合，それに大きな不安と強い確信が伴うことが一般的である。「外国の情報工作員がいつも自分の後をつけて監視している。姿を確認しようとしてもどうしても見つけられない。だけど，後をつけていることだけは確信してわかる」というような訴えが典型的である。また，妄想に伴って幻覚もあらわれる。幻覚とは実際にない音が聞こえたり，ない物が見えたりすることであるが，統合失調症の場合，ふつう，声が聞こえるということが多い。前に挙げた例でいえば自室に一人でいると外国の情報工作員が「おまえは国家機密を知っているはずだ。それを話さなければ命はないぞ」と叫んでいるのが聞こえたりする。それも聞こえないはずの遠いところからでも聞こえるし，その声を聞くことは強い不安を伴い，聞き流すことなどどうしてもできないような気持ちになってしまう。さらに，そのような声に影響され，自分の意図していないことを考え，しているような気分になってしまう。これらはとうていありえないことであるし，常識的に考えれば，このような状態になれば自分は病気なのではと気づいてもよさそうだが，病識に欠ける統合失調症の患者はそうした気づきがないのである。このような特徴の一方で，感情が鈍くなり無気力がひどくなるのも統合失調症の特徴である。後に述べるようなうつ病やそううつ病も無気力になるが，うつ病やそううつ病では無気力でいることが非常につらいことが多いが，統合失調症の場合，やはり，病識の欠如から，そうした危機感がない。

なお，統合失調症のなかでは妄想や幻覚が中心的な症状として出てくるタ

イプや無気力や感情のにぶりが主な症状となるタイプなどがあり，症状にはかなり幅があるとされている。

②統合失調症スペクトラム

以前は，統合失調症は遺伝的要因の強い疾患と考えられていたため，そうしたリスクをもっている人は自然に発症し，また，発症したのちは症状は改善しても完治することもないものと考えられていた。そこには，健常者と患者とを質的に異なる者と考える発想があった。しかし，近年，症状の比較的軽いケースが増加していること，統合失調症の治療技術や薬物の進歩でほぼ完治することも多くなっていること，遺伝的な要因についても一概に強いとはいえない結果が報告されていることなどから，統合失調症と健常者との間に明確な線引きをすることは難しく，連続的，段階的に症状の程度が重くなっていっているものと考えられるようになった。そこで，新しい診断基準（DSM-5）では，そうした健常者から統合失調症に至る症状の段階を総称して，**統合失調症スペクトラム障がい**（Schizophrenia Spectrum）とよぶようになった。統合失調症スペクトラム障がいでは，統合失調症が最も重くかつ典型的な症状をもつとされ，そこから統合失調症様障がい，短期精神病性障がい，妄想性障がい，統合失調型パーソナリティ障がいとだんだん症状が軽く，より健常者に近くなるものとして診断名が段階的に位置づけされている。

③児童期，青年期の統合失調症

統合失調症はふつう18歳ぐらいからか30歳ごろが好発年齢といわれているが，児童期，青年期の発症もときには見られる。

かつては児童期の統合失調症はいわゆる自閉症（後述）と一部の症状が類似しているため，両者は連続性のある疾患とみなす説があった。そのため，児童の自閉症の一部には統合失調症と混同して診断されていたケースもあったといわれるが，現在では，両者は完全に別の疾患と考えられている。

大まかに述べれば，小学校低学年での発病はきわめてまれと考えられる。ただし，近年では，原因ははっきりしないが，発症の低年齢化が進んできており，小学校高学年から中学生の発症例はたまに見られる。「アニメに登場する悪役や怪物が自分の家を空から監視している」などといったことを訴え

るなど成人と似た症状を示すものの，妄想を体系的に発展させるようなことは少ないとされる。また，理由のわからない不登校に始まり，やがて統合失調症の症状が出てくることもあるといわれる。なお，高校生以降の発症は成人のそれとほとんど変わるところはない(注4)。

④統合失調症の治療

前述のように統合失調症は，かつては，不治の病とされたが，さまざまな治療薬が開発され，それらを適切に処方することで治癒する例も増えているという。しかし，統合失調症はれっきとした疾患である。決して甘くみるべきものではなく，十分に訓練を受けていない者がカウンセリング的な対応をすることは危険でさえある。もし，学校現場において，統合失調症が疑われるケースを目にした場合，まず，精神科を受診するように勧めるなど，とにかく医療の流れに載せるようにすべきであろう。

そううつ病，うつ病

①そううつ病，うつ病の新しい分類と用語

これまでの診断基準では，そううつ病とうつ病は同じカテゴリーに分類され気分障がいといわれていた。ところが，新しい診断基準（DSM-5）では，そううつ病とうつ病はそれぞれ別の独立した疾患として扱われることになり，そううつ病は**双極性障がい**，うつ病は**抑うつ障がい**とよばれることになった。

このような分類が行われるようになった理由の1つに，治療方法の違いがあるといわれる。一般に，そううつ病もうつ病も薬による治療が行われることが多いが，前者は気分安定薬，後者は抗うつ薬がそれぞれ用いられ，この2種の治療薬はそれぞれ脳内での作用の仕方が異なる。そして，気分安定薬はうつ病に対して，逆に，抗うつ薬はそううつ病に対しては効果がないとされる。そうしたことからうつ病とそううつ病はそもそも発病する仕組みも異なるのではないかと，考えられるようになったのである。

②そううつ病について

そううつ病の"そう"とはそう状態のことである。そう状態とはうつ状態の反対の状態で，そう状態にあるものは自分のおかれた状態にそぐわないほ

ど高揚し，愉快で高揚した気分になり，過活動，多弁といった傾向が目立つ。気分が爽快で高揚した状態にあるのは決して悪いことではないが，そう状態の場合は，そうした気分がときに自分でコントロールできないほど高まり興奮状態に達し，社会生活のなかでさまざまなトラブルを起こすようになってくるのでやはり問題といえる。一方，うつ状態については，とくに説明は要しないであろう。気分が沈んで，落ち込み，日常的な活動に興味，喜びを感じない状態である。そううつ病はこの両極端の状態が一定期間で交互に出現するのである。両極端の気分が出現する疾患という特徴から正式には**双極性障がい**（Bipolar Disorders）といわれる。診断基準では，そう状態は1週間以上，うつ状態は2週間以上続くのが一応の目安となっている。

そううつ病には，大きく分けて2つのタイプがあり，それぞれ，**双極Ⅰ型障がい**，**双極Ⅱ型障がい**といわれる。双極Ⅰ型は，典型的なそううつ病で，躁状態とうつ状態がかなり明瞭に出現し，繰り返されるタイプである。一方，双極Ⅱ型では，うつ状態は典型的にあらわれるが，躁状態は必ずしもはっきりと出現せず，うつ状態が少し改善した程度にしかみえないことも多いという。そのため双極Ⅱ型はうつ病と誤診されることも多いといわれる。一般に双極Ⅰ型は18歳くらいまでに，双極Ⅱ型はそれより少し遅く20代半ばくらいまでに発症することが多いとされる。成人の1年間の有病率は1％程度といわれる。双極性障がいの発症に関係する遺伝的な影響は強く，親族にこの病気の人がいる場合は，発症の危険が10倍くらいになるといわれている(注5)。

なお，うつ状態やそう状態が診断基準を十分に満たすほどはっきりとはあらわれないが，うつ状態とそう状態を交互に繰り返す状態が2年間以上（児童・生徒の年齢層では1年間以上）続くケースもある。こうしたケースには**気分循環性障がい**という診断名がつけられる。気分循環性障がいは，うつ状態やそう状態が必ずしも明瞭にあらわれないため軽いというイメージをもたれやすいが，必ずしも，治癒しやすいわけでもない。

③**うつ病について**

現在の診断基準では，うつ病やそれに類する疾患をまとめて抑うつ障がい（Depressive Disorders）とよんでいる。このなかで，ふつう，うつ病とよば

れる病気は大うつ病性障がいとよばれることもある。うつ病は，ほぼ1日中気分が落ち込み，何事に対しても興味ややる気がわかないといった症状が中心だが，それに加えて，集中力の減退，不眠や過眠，あるいは，食欲低下，強い疲労感，自殺について考える，自分は無価値で罪深い人間だと思うことなどといった症状のうちいくつかが伴う。それらの症状が2週間程度続くのが診断の目安になる。なお，症状がそれほどはっきりはしないものの，うつ状態が2年間以上続いているようなケースもあり，これを持続性抑うつ障がい（気分変調症）という。

近年，うつ病の増加が指摘されている。さまざまな調査データなどを参照すると，過去1年間に5％くらいの人がうつ病ないしはそれに近い症状に陥っているのではないかと思われる。もちろん，これらの人の大部分はうつ状態に苦しみながらも通常の社会生活を続けており，治療の対象になっているケースはそれほど多くはない。こうしたケースを軽症うつ病などとよぶことも多い。軽症うつ病のケースは，上記の持続性抑うつ障がい（気分変調症）の診断名がつくケースともかなり重複しているのではないかと思われる。

うつ病もそううつ病（双極性障がい）とならんで，発症に影響する遺伝的要因は比較的強いとされ，親や兄弟姉妹の中にうつ病患者がいると2～4倍程度発症する可能性が高くなるともいわれる(注6)。

④児童期・青年期のうつ病について

一般に，うつ病はそううつ病（双極性障がい）より少し上の年齢で発症する傾向があるといわれているが，一方で，近年，児童・生徒のうつ病の増加も指摘されている。わが国で行われた調査結果の中には対象者のうち小学生の1.6％，中学生の4.6％（平均2.6％）がうつ病とみなせるとする報告もある(注7)。

児童期・青年期のうつ病も基本的な症状は大人と同じだが，とくに児童期の子どもの場合は，うつ的な気分をうまく言語的に表現できないこともあり，大人に比べ，イライラ感が強く，また，身体的な不調を訴えたり，不登校やひきこもりといった症状を見せる傾向があるともいわれる。とくにイライラ感は子どものうつ病の特徴で，普段から怒りやすく暴言を吐いたり，暴力を振るうなどの攻撃性が目立ち，また，週に3回以上かんしゃくを起こす

ような症状が続くときは**重篤気分調節症**（Disruptive Mood Dysregulation Disorder）といわれる。重篤気分調節症はふつう6歳から17歳の対象者につけられる診断名で、半年から1年間の有病率は2〜5％程度という統計もある(注8)。

また、子どものうつ病の特徴として、うつ病が単独で出現するのではなく、もともと注意欠如多動性障がい（ADHD；後述）や自閉スペクトラム症（いわゆる自閉症；後述）があり、そうした疾患による人間関係のトラブルなどがストレスとして加わり、うつ病を発症しているケースも多いといわれる。

一般に子どものうつ病は適切な治療が行われれば1,2年で症状が改善することも多いが、大人になってから再発するケースも多いという報告もある。

ところで、子どもに特有の症状ではないが、関連する症状として付け加えておくべきものが3つほどある。1つは、**月経前不快気分**というものがある。これは月経開始前最終週に感情が不安定になりうつ病に似た症状を見せるもので、現在の診断基準ではこれもうつ病の一種（つまり、抑うつ障がい）に分類されている。

2つめは、季節性のうつ病についてである。多くは日照時間の短くなる秋から冬にかけてうつ病の症状が出現し春になると回復することが多いが、それ以外の季節に症状が出るケースもある。季節性のうつ病は、とくに中学3年生や高校3年生の場合、受験勉強の追い込みのシーズンにかけて症状が悪くなり、受験勉強のスランプを招くこともある。

最後に紹介しておくのは、近年、よく聞くようになった新型うつ病についてである。新型うつ病の特徴として、仕事や勉強など自分の本業に対しては無気力で取り組めないものの娯楽、趣味などにはとくに問題もなく取り組め、また、一般的なうつ病の人に特徴的な罪悪感の強さや、自分を責めるところがないといわれる。新型うつ病のケースは、中高年より、青年期の者や若い成人に多いともいわれる。新型うつ病はとくにわが国の精神科医の間で話題にされるもので、正式な診断名ではないが、一応、知っておいても悪くはないであろう。

⑤うつ病の治療

　うつ病の治療は，基本的には精神科の医師にゆだねるべきである。精神科での治療は，休養と投薬が中心となる。典型的なうつ病の患者は生真面目で無理をしがちといわれ，まずは，休養によって心身の不調を回復させる必要がある。ただし，いわゆる新型うつ病の場合，必ずしも，休養を取らせることはよくないともいわれる。投薬による治療は，成人はもちろんのこと，児童期，青年期のうつ病でも用いられる。うつ病の治療に用いる薬を抗うつ薬というが，そのなかで現在よく用いられているのは副作用が少ないとされるSSRI（選択的セロトニン再取り込み阻害薬）である。

　この他，いわゆるカウンセリングなどの心理療法も用いられることがあるが，そのなかでは認知行動療法（第5章参照）が最もよく知られている。

3. 不安やストレスが発症に関わるとされる障がい

この分類に属する障がい

　ここでは，図2-1の1つめのカテゴリー，すなわち"古くから精神疾患とされてきた障がい"のなかから広い意味で不安やストレスが発症に大きく関係していると思われる疾患について紹介する。これらの疾患はかつては，**神経症**（Neurosis）といわれていた。神経症は統合失調症をはじめとした精神病に対するものとされ，精神病が内的（遺伝的）な要因によってひとりでに発症することが多いのに対し，神経症はストレスや心的な外傷（いわゆるトラウマ），あるいは，養育環境など外的な要因が原因となって起こるとされた。また，治癒することのない精神病に対し，神経症は治療が可能ともいわれていた。しかし，現在では，内的要因と外的要因の区別が必ずしも単純にできないことや，神経症が精神病に比べ必ずしも治癒しやすいわけでもないといったことなどから，精神病と神経症の線引きはあいまいなものになってきている。また，神経症のグループに属するとされた疾患も多岐にわたり，そもそもそれらを1つのグループにまとめることが難しい点なども指摘されるようになった。そのため，現在では，神経症という用語を用いないことが一般的になっている。

このグループに属するものとしては，不安症群/不安障がい群（Anxiety Disorders），強迫症および関連症群/強迫性障がいおよび関連障がい群（Obsessive-Compulsive and Related Disorders），解離症群/解離性障がい群（Dissociative Disorders），身体症状症および関連症群（Somatic Symptom and Related Disorders），心的外傷およびストレス因関連障がい群（Trauma-and Stressor-Related Disorders）ある。

このうち，不安症群/不安障がい群については，不安や恐怖が直接体験される障がいだが，強迫症および関連症群/強迫性障がいおよび関連障がい群，解離症群/解離性障がい群，身体症状症および関連症群では，潜在的な不安が，さまざまな問題行動や身体症状として出現しているといった点に特徴がある。さらに心的外傷およびストレス因関連障がい群は，その名称からもわかるようにストレスがその発症に大きく寄与している。

不安や恐怖が直接体験される障がい

ここでは，不安症群/不安障がい群と診断される一連の障がいについて紹介する。このカテゴリーのなかには，限局性恐怖症（Specific Phobia），社会不安症/社交不安障がい（社交恐怖）（Social Anxiety Disorder（Social Phobia）），広場恐怖症（Agoraphobia），パニック症/パニック障がい（Panic Disorder），全般不安症/全般性不安障がい（Generalized Anxiety Disorder），分離不安症/分離不安障がい（Separation Anxiety Disorder），選択性緘黙症（Selective Mutism）（俗に場面緘黙）などがある。

限局所性恐怖症は，いわゆる，恐怖症（phobia）のことである。常識的にみればとうてい危険とは思えないような対象に対して異常なまでの不安や恐怖を抱き，その対象から逃れようとするのが，基本的な症状である。例えば，特定の動物に対して症状を見せる動物恐怖症（Animal Phobia），高い場所や狭い場所，あるいは，汚れなどに対する特定の個別的恐怖症（Specific Phobia），血液恐怖症（Blood Phobia）などは有名である。このうち動物恐怖症は大部分が児童期に発症し，男子より女子に多い。血液恐怖は小学校高学年ごろが好発年齢といわれる。有病率は比較的高く，アメリカの統計では7～9％程度の人が過去1年以内にこうした症状を見せているともいわれる(注9)。

社会不安症/社交不安障がい（社交恐怖）は，他者の注視を浴びる可能性のある場面で極端な恐怖や不安を感じることを主症状とするとされる。一般には，**対人恐怖症**の名称で知られるものがこれにあたる。「他人が自分に対して変な目つきで見ている」とか「自分の目つきがきついので他人から嫌われているかもしれない」などと訴えたり，よく知らない人と会うことや，他者の前で談話することなどに極端な恐怖心を抱いたりする。対人恐怖症は，10歳代後半から20歳代によく発病する。中学生，高校生の不登校のなかにはこれらの恐怖症によるものもあると思われる。また，わが国では欧米とくらべ対人恐怖症のケースが多くみられるという。一方，**広場恐怖**は，公共交通機関，商業施設，劇場，映画館，あるいは，群衆のなかなど人が多く集まる場所で著しい恐怖や不安を感じるものをいう。発症のピークは，児童・生徒の年齢より少し上の青年期後期から成人初期にかけてであるという。

　パニック症/パニック障がいは，とくに決まった状況がないにもかかわらず，胸が痛んだり，動悸がしたり，窒息感，めまい，あるいは現実を喪失したような感覚に，突然，しかも，激しくおそわれるものである。そうした状態をパニック発作というが，発作は通常前触れもなく急激におこり，おおよそ数分でおさまる。発作の頻度は個人差があるが1週間に1回以上発作におそわれる人も多いという。パニック障がいは思春期から青年期にかけて多くが発症するが，14歳以下ではあまりないとされる。

　全般不安症/全般性不安障がいは，いらいらして落ち着きがなく，さまざまなことに心配し不安を訴え，集中力がない，疲労しやすい，よく眠れないといったような症状が数週間から数ヶ月間，毎日のように続くものをいう。この障がいのピークは中年期だが，児童期・青年期にも見られることがある。

　分離不安症/分離不安障がい，選択性緘黙症（俗に場面緘黙）については，主に児童期に発症するものなので，5.「発達途上に診断される精神，行動の障がい」の個所で扱う。

不安や恐怖は直接体験されず基底で症状形成に作用する疾患

　強迫症および関連症群/強迫性障がいおよび関連障がい群の代表格は強迫症/強迫性障がいである。「ガスコンロの火を消すのを忘れてきたかもしれな

い」とか「この刃物があると、わたしは誰か家族を傷つけてしまうかもしれない」というような、自分にとって受け入れがたい思考がわきおこってきて気になって仕方ないというような体験は、多くの人にあるはずである。このような症状が繰り返し生じ、1日1時間以上の時間がこうした思考を振り払うための行為に浪費されてしまい、日常生活上で大きな支障を来すようなレベルまでに達するとこの診断がつけられる。

強迫性障がいは児童・生徒にも比較的よく見られる障がいで、一般に12〜14歳くらいから発症するケースが増加する。不潔恐怖から繰り返し手洗いをするケースなどが多い。

また、他の精神疾患との関連も指摘されている。例えば、はじめ強迫性障がいを示していたが、次第に統合失調症の症状を生ずるケースなどもあるという。また、うつ病や神経性やせ症（拒食症；67頁参照）のケースでも似たような症状を示すことがあり、注意深く見分ける必要があるといわれる。

他にこのカテゴリーに属するものとしては、**醜形恐怖症/身体醜形障がい**などが知られている。これは、「自分の顔は鼻がまがっていておかしいので人前に出られない」などといったことを訴え、それに対するこだわりから学業場面や職業場面で支障を来しているケースをいう。前に**社会不安症/社交不安障がい**（社交恐怖）のなかで取り上げた対人恐怖の一部は、この診断にあてはまる。また、一風変ったものとしては、あまり価値のないものを捨てられず、手放すこともできず、住居などがそうした物でいっぱいになり社会生活に支障を来している**ため込み症**などといったものもこのカテゴリーに含まれる。

解離症群/解離性障がい群とは、何らかの強い不安や恐怖となる出来事を体験した自分の存在を、現在の自分と連続しない別人の出来事として切り離してしまうという障がいである。強い不安や恐怖となる出来事を体験したことが思い出せず記憶喪失になってしまうという**解離性健忘**などが代表的な障がいである。また、**多重人格障がい**（Multiple Personality Disorder）で知られる解離性同一症/解離性同一性障がいもこのカテゴリーに属する。解離性同一症/解離性同一性障がいのケースの多くは幼児期にひどい虐待を受けており、その体験を自分から切り離すために一人のなかに複数の人格をつくり

上げるといわれている。かつて、解離性同一症/解離性同一性障がいはきわめてまれにしか見られないものとされていたが、診断技術や症状に対する理解が進み、現在では、この診断を下されるケースもまれではなくなっている。しかし、テレビドラマや小説などに描かれているような劇的な人格の交代を起こすケースは頻繁に見られるわけではない。

身体症状症および関連症群は、身体的な異常がないにもかかわらず、不安や恐怖心が基底にあり、それが原因にとなって身体症状を訴えたり、実際の身体症状となってあらわれたりして、学業や社会生活に支障を来しているものをいう。

このうち**身体症状症**は、主に痛みなどの身体症状がきわめて強く、また、健康に対する不安も強いことから日常生活に支障を来しているものをさす。**病気不安症**は医学的にみても身体症状があるとは思われないにもかかわらず、自分が重い病気にかかっているという思い込みが強く、不必要な通院などを繰り返し医師の説明にも納得しない症状を中心とするもので、かつては心気症（ヒポコンドリー症）ともいわれた。**変換症/転換性障がい（機能性神経症状症）**は、身体的にみて原因となるような病気が何らないにもかかわらず、繰り返し身体的症状を見せるものをいう。例えば、骨や筋肉や足の神経には異常がないのにもかかわらず足が動かないといったような症状がそれにあたる。この場合、外出することに対する非常に強い不安や恐怖が背後にあり、そのため足が動かないという身体的な症状となっていたりする。このような障がいをみせる人は不安や恐怖を直接感じることは少ないが、かわりに身体的な症状が出ているのである。**作為症/虚偽性障がい**は、病気あるいは心理的な症状を意図的にねつ造し、それを周囲に語ったり、見せたりする症状が中心となる。

ここまで紹介してきた疾患は、症状の出現に何らかの不安が関与しており、また、その不安の原因が必ずしも明確に特定できないものが多かった。一方、**心的外傷およびストレス因関連障がい群**は、心的外傷（いわゆるトラウマ）になるような強いストレスを起こす出来事を経験したことが発症に作用していることが比較的はっきりしているものをいう。

このグループに属する疾患で最もよく知られているのは**心的外傷後ストレ**

ス障がい（Posttraumatic Stress Disorder: PTSD）で，地震，洪水といった自然災害，あるいは，交通事故，戦争，テロリズムといった例外的に非常に脅威的で破局的な出来事の経験，あるいは，そうした被害者への支援の経験，さらには，性的暴力の被害などよって発症する。主な症状としては，体験した出来事が何度も目の前に再現されるように思い出されてきたり（これをフラッシュバックという），自分の周囲の世界が生き生きとした現実のものとして感じられなくなったり，強い不安や恐怖のために睡眠が乱されたり，集中力に欠け，怒りが抑えられなくなることなどが挙げられる。**急性ストレス障がい**（Acute Stress Disorder）も心的外傷後ストレス障がいとほぼ同じく，強烈なストレスの経験によって発症するものだが，両者の診断を分ける基準は，急性ストレス障がいがストレスの経験の3日から1ヶ月後までの間症状が持続するのに対し，心的外傷後ストレス障がいは，1ヶ月以降も症状が続くものをさす。これら2つの疾患は強烈なストレスを経験することが原因となっているが，**適応障がい**（Adjustment Disorders）は，それほど強くはないものの，はっきりと確認できるストレスに対して不安やうつ気分などに陥るものをいう。原因となるストレスがなくなってから症状は6ヶ月以内に収まるとされるので，それ以上症状が続く場合は別の診断名となる。

なお，これらの疾患と同じグループに属するものとして反応性アタッチメント障がい/反応性愛着障がい，脱抑制型対人交流障がいなどもあるが，これらについては，幼児期，児童期が中心となるので，後述する。

4. パーソナリティ障がい群

パーソナリティ障がいとは

パーソナリティ（人格）**障がい**（Personality Disorder）とは，その人が属する文化から期待されるところから著しく偏り，広汎でかつ柔軟性がなく，青年期または成人早期に始まり長期にわたり変わることなく，苦痛または障がいを引きおこす内的体験および行動の持続的様式，とされる。パーソナリティ障がいに由来する内的体験や行動の様式は一般に変化しにくいとされ，パーソナリティ障がいと診断されるにはある程度長期にわたり同様の状態が

持続している必要がある。また，パーソナリティ障がいをもった人は，そうした特徴のゆえに社会生活，職業生活などの広範な場面でさまざまな問題をおこし，その人自身が悩むことも多い。パーソナリティ障がいの原因はさまざまであり詳述は省くが，その症状が精神病や破局的な体験といった他の原因から説明がつく場合は，パーソナリティ障がいには分類されない。

　パーソナリティ障がいと似た概念として，精神病質（いわゆるサイコパス）とよばれるものがあった。これは，20世紀の前半から中盤にかけてドイツの精神医学でよくいわれたもので，アメリカの精神医学が優勢になるにつれてパーソナリティ障がいにとって代わられた。

　パーソナリティ障がいは，前の診断基準（DSM-IV）までは，統合失調症，そううつ病，うつ病，あるいは，不安やストレスが発症に関わるとされる障がいといった一般的な精神疾患とは質的にも異なるものとされていた。しかし，最新版（DSM-5）ではその区別はなくなり，両者はある程度連続するものと考えられるようになった。

それぞれのパーソナリティ障がいの特徴

　パーソナリティ障がいは以下のように10の分類があり，これらをひとまとまりにして**パーソナリティ障がい群**（Personality Disorders）とよぶ。また，10の分類はA群からC群の3つのグループにまとめられる。

A群パーソナリティ障がい

　奇妙な振る舞いが目立ち，他者と適切な関係をつくることが難しいといった特徴をもつグループで，以下の3つがある。

　①**猜疑性パーソナリティ障がい/妄想性パーソナリティ障がい**（Paranoid Personality Disorder）

　他者が悪意ある動機をもって自分に接してくるものと信じる傾向が強く，疑い深い。また，成人のケースでは，とくに明白な理由もないのに配偶者が他の人と性的関係をもっているのではないかと疑ったりすることがある。

　②**シゾイドパーソナリティ障がい/スキゾイドパーソナリティ障がい**（Schizoid Personality Disorder）

何をしても喜びの感情が得られない。また，性的関係を含め他人と交わることを好まず，孤立している，といった特徴をもつ。

③統合失調型パーソナリティ障がい（Schizotypal Personality Disorder）

一見，冷たくよそよそしく見えるような制限された感情をもつ一方で，奇妙で風変わりな考え方をし，行動する。疑い深く，妄想によく似た考えをもったり，現実感を喪失したような異常な感覚を体験したりする。

B群パーソナリティ障がい

問題行動が目立ち，人間関係のトラブルの多さなどが特徴的で，以下の4つのものがある。

④反社会性パーソナリティ障がい（Antisocial Personality Disorder）

社会的な規範に合わせることができず，他人の権利を侵害することに無関心であることなどが中心となるパーソナリティ障がい。繰り返し嘘をつき，他人をだまし，攻撃的な言動を繰り返す。また，計画を立て何かを実行することも困難を伴う。このパーソナリティ障がいと診断されるには，その人の年齢が18歳以上であること，このパーソナリティ障がいの特徴とされる傾向が15歳以降におこったものである必要がある。犯罪を繰り返す者にはこのパーソナリティ障がいを示す者が多いことはよく指摘されている。また，このパーソナリティ障がいは，児童期の素行症（後述）とも密接な関係があり，素行症のケースが青年期に達し反社会的パーソナリティ障がいになるといわれる。

⑤境界性パーソナリティ障がい（Borderline Personality Disorder）

境界性パーソナリティ障がいは，**境界例**とよばれることもある。かつてこのパーソナリティ障がいは神経症（本章では「3.不安やストレスが発症に関わるとされる障がい」としたグループ）と統合失調症のような精神病性障がいの中間の境界に位置する病と考えられており，"境界"という名称はそこに由来している。しかし，その後，独立したパーソナリティ障がいとして扱われるようになった。このパーソナリティ障がいの特徴とされているものを列挙すると，（1）自分は見捨てられるのではないかと絶えず心配し，それを避けようと無駄な努力をする，（2）対人関係が不安定でかつ激しく，ある

人を神様のように尊敬したと思うと翌日は軽蔑していたりする，(3) 自分自身の自我同一性を確立できず，絶えず空虚な感じがしている，(4) 浪費，性的放逸，薬物依存などの自分にとって破滅的な行動傾向をもつ，(5) 自殺未遂を繰り返す，(6) 不安，怒りなどの感情がコントロールできないうえに，数時間単位で感情状態がめまぐるしく変化する，などといったものがあるが，これといって中心となる症状があるかというとはっきりしないところがあり，このパーソナリティ障がいを持った人を目の前にするとたとえがたいつかみどころのなさを感じるといわれる。また，このパーソナリティ障がいを示す者には独特の人間関係のスタイルがあり学校では扱いに困ることがある。例えば，このパーソナリティ障がいの1人の生徒が，学校内で複数の教職員に微妙に内容の異なる訴えをして味方と敵をつくり，その結果，教師を2つの対立する派閥に分断してしまったというような話も時々聞く。

　境界性パーソナリティ障がいは，その多彩な症状と治療の困難さから多くの臨床心理家や精神科医師の興味を引きつけてきた。また，このパーソナリティ障がいを示す人は10歳代後半から20歳代のいわゆる青年期にあることが多く，その点に着目した研究者のなかにはこのパーソナリティ障がいをエリクソンの生涯発達のモデルの自我同一性の拡散（第1章7参照）と関連づけて論じることもあった。このパーソナリティ障がいの有病率はアメリカの統計では1.6％程度とされ，女性が男性より3倍程度多いといわれる[注10]。有病率は他のパーソナリティ障がいに比べさして高いものではないが，その行動傾向から職場や学校で人間関係のトラブルをおこすことが多く，後述する自己愛性パーソナリティ障がいと並んで，パーソナリティ障がいの代表として扱われることが多い。

　⑥演技性パーソナリティ障がい（Histrionic Personality Disorder）
　自分が注目の的になるような行動を絶えず追い求め，身体的魅力を必要以上重視する。また，感情の表現の仕方が誇張されており，他人の意見などに簡単に影響を受ける被暗示性などをもち合わせている。

　⑦自己愛性パーソナリティ障がい（Narcissistic Personality Disorder）
　自分の業績や才能を過度に誇張して強調する。また，自分が成功したり，賞賛を浴びたりする場面を想像し，空想に浸ったりする。自分は特別な才能

の持ち主なので何をしてもよいと思い，他人に対する思いやりがなく，他人を露骨に利用するなどといった点を特徴とする。前述の境界性パーソナリティ障がいと同様に職場や学校で人間関係のトラブルをおこすことが多く，やはりパーソナリティ障がいの代表格として位置づけられている。こちらのパーソナリティ障がいは男性に多いとされる。

C群パーソナリティ障がい

全般に不安が強く，不安に関連した行動傾向を特徴とするもので，以下の3つが含まれる。

⑧回避性パーソナリティ障がい（Avoidant Personality Disorder）

自分が魅力のない人間で，社会的に不適格であると決めつけ，そのため絶えず心配と緊張に悩まされる。その人から好かれていると確信できないと人とつき合うことができず，その結果，社会生活や職業生活では何かと回避することが多くなるといわれる。

⑨依存性パーソナリティ障がい（Dependent Personality Disorder）

他人の助言や保証がなければ日常生活で決断をする能力に欠けており，さらには他人に自分の人生の重要な決定をしてくれるようにうながしたりもする。一方で，親密な関係をもっている人から見捨てられるのではないかと恐れ，正当なことでさえも要求できないなどの特徴をもつという。

⑩強迫性パーソナリティ障がい（Obsessive-Compulsive Personality Disorder）

完璧主義で秩序を好み柔軟性に欠ける。仕事の手順や規則，社会的習慣などに対して杓子定規で融通が利かない。かたさと強情さが目立つ。また，道徳や倫理，規則などに対して過度のこだわりをもつといった点などもその特徴とされている。

パーソナリティ障がいに関する近年の状況

1980年代から90年代にかけて，パーソナリティ障がいは多くの精神科医や心理学者の関心の対象となり，数多くの研究が報告された。また，実際にパーソナリティ障がい（とくに境界性パーソナリティ障がいや自己愛性パーソナリティ障がい）の診断をつけられるケースもしばしば見られた。しかし，

近年では，以前ほど，パーソナリティ障がいは話題にならなくなっている。一方で，境界性パーソナリティ障がいや自己愛性パーソナリティ障がいとされた者のうち，かなりの割合で双極性障がい（そううつ病）の合併が認められるといった報告を目にすることが増えてきている(注11)。とくに，境界性パーソナリティ障がいと双極性障がい（そううつ病）とは気分の不安定という点で共通性をもっていることから，合併を指摘されることも多いという。これは，近年の双極性障がいに対する関心の高まりや診断技術の進歩とも関係しているのではないかと思われる。こうしたことが影響し，これまでならばパーソナリティ障がいと診断されていたケースが，双極性障がいと診断されることなども増えていることも否定できない。

また，これまでパーソナリティ障がいとされていたケースのなかには，いわゆる自閉症などの発達障がいのケースがかなり含まれているという指摘なども聞かれるようになった。それによれば，発達障がいのケースが青年期に至って対人面などで不適応状態に陥りパーソナリティ障がいと似た症状を示していたのではないかというのである。

このようにパーソナリティ障がいを巡っては，近年，状況が大きく変化し始めている。もしかすると，社会情勢の変化などに伴い，以前に比べパーソナリティ障がいの特徴が出現しにくくなっていることなどもあるのかもしれない。いずれにせよ，教育現場でも，しばらくは研究の動向に注視してゆく必要があるだろう。

5. 発達途上に診断される精神，行動の障がい

この分類に属する障がい

ここでは，主として幼児期，児童期，青年期までに発症する，もしくは，その症状が明らかになるとされている疾患，障がいについて扱う。本章で参考にしている診断基準（DSM）の以前の版ではこの分類に相当するものとして「通常，幼児期，小児期，青年期にはじめて診断される障がい」というカテゴリーがつくられ，かなりの数の障がい，疾患が列挙されていた。ただ，近年，精神疾患や障がいの原因や発症する仕組みについての研究が進展する

にしたがい，子ども特有の疾患とされていた疾患が，必ずしも，そうとはいえないことが指摘されるようになってきた。また，一方でこれまで成人になってから発症するとされてきた疾患の低年齢化が進んでいるともいわれる。そうしたこともあり，最新の診断基準（DSM-5）では，この分類に属するものは，一般に発達障がいといわれている疾患に限定された。しかし，本章では，これまでの診断基準の枠組みも考慮し，発達障がい以外でも児童期や青年期で見られることのある疾患や障がいも，ここで扱うこととした。

神経発達症/神経発達障がい群

　神経発達症/神経発達障がい群（Neurodevelopmental Disorders）という用語はあまりなじみがないが，一般にわが国で発達障がいといわれる障がい，疾患がこのなかに入る。発達障がいを一言で定義するのは難しいが，中枢神経系（つまり脳）に何らかの機能的な異常があり，その結果，言葉や社会性，運動，知的な活動，注意力，行動のコントロールなどで問題となる症状が生じている状態といえるであろう。そうした症状は通常，発達の初期段階で発現するといわれる。脳の機能異常の詳細は必ずしも十分明らかになっているわけではないが，ここまでに紹介してきた成人で主に見られるさまざまな疾患に比べると，比較的はっきりとしたものであることが考えられている。また，このグループに属する障がいは発症要因（遺伝や環境，あるいは，気質）や，女子より男子でよくみられる点などでも共通する面があるといわれる。

　現在の診断基準では，つぎの6つの障がいがこのグループに属するとされている。

　①知的能力障がい群

　知的能力障がい群（Intellectual Disabilities）は一般には知的障がいともいう。知的な能力に問題があり，知的場面あるいは社会的な場面で適応に支障を来すレベルになっているもので，通常，発達の初期段階で症状が明らかになる。

　かつては，精神薄弱といわれ法律用語としても用いられてきたが，差別的な意味を含むとされ，1998年の法律改正で知的障がいに改められた。精神遅滞という言葉も聞くが，これは医学，教育方面の専門家の間で用いられて

きた用語である。近年では，知的障がいという言い方が一般的になった。

旧来の診断基準では，知的障がいと診断される基準として知能指数（IQ）が70以下という記述があったが，現在の診断基準では，そうした数値による基準はなくなった。これは，より実際的な適応状況を臨床的にとらえて判断すべきという考えに基づくことによるといわれる。実際は，今後も知能検査の結果は診断の材料としては用いられ続けるだろう。ただ，現在のわが国のように比較的早期教育のさかんな国では，全体的に同年齢の子どもたちのIQが高めに出るとされる。このため，知的障がいとみなされるIQのラインは，実際は，70より少し高いのではないかと考えられる。知的障がいの有病率は人口の1％程度とされる (注12)。

なお，知的障がいの原因は，遺伝子の異常，染色体の異常（よく知られているダウン症など），先天性の代謝異常（初期に発見し治療されれることによって治るとされるフェニルケトン尿症など），母体の環境（例えば，妊娠中のアルコール摂取）などさまざまなものがある。つまり，知的障がいは特定の疾患ではなく，さまざまな原因疾患の結果出現する障がいである。

②コミュニケーション症群/コミュニケーション障がい群

コミュニケーション症群/コミュニケーション障がい群（Communication Disorders）は言葉を使って会話をしたり，非言語的な面も含めながら他者とコミュニケーションをとるに際してさまざまな困難を来している状態を症状とするもので，この中には次の4つの下位分類がある。まず，**言語症/言語障がい**（Language Disorder）は，会話や書き言葉においてそれらを理解したり表出したりする能力がその年齢から期待されるレベルより著しく低く，学業や日常生活で適応を来している状態である。つぎに**語音症/語音障がい**（Speech Sound Disorder）は，とくに発音，発声に問題があり不適応状態を来している状態，**小児期発症流暢症（吃音）/小児期発症流暢障がい（吃音）**（Childhood-Onset Fluency Disorder（stuttering））はいわゆる"どもってしまうこと"がひどい状態と考えればよい。そして，**社会的（語用論的）コミュニケーション症/社会的（語用論的）コミュニケーション障がい**（Social（Pragmatic） Communication Disorder））であるが，この診断名は，今回の改訂ではじめてつくられたものである。人は他者とコミュニケーショ

ンをとるとき，相づちをうったり，逆に，相手の態度を見ながら相手が会話を理解してくれているかを適宜判断し，それに応じて身ぶり手ぶりなども加えて言い方を変えてゆくなどといったことをする。また，相手が目上か目下かで言い方や態度を変えるというようなこともある。このように人は非言語的な側面や暗黙のルールなどをあまり意識せずコミュニケーションをしているが，これらがうまくできず，不適応を来している状態にこの診断名がつけられる。なお，この診断名をつけるに際しては，次に述べる**自閉スペクトラム症/自閉症スペクトラム障がい**とどのように区別するかという問題点があることも指摘されている。

　③**自閉スペクトラム症/自閉症スペクトラム障がい**

　いわゆる自閉症やそれに関連した症状が，この診断名のもとにまとめられている。**自閉症スペクトラム障がい**（Autism Spectrum Disorder: ASD）という用語は近年よく聞かれるようになっていたが，今回，はじめて正式な診断名として採用された。旧来，自閉症に関連した障がいは，広汎性発達障がい（PDD）という大きな診断名があり，そのなかに自閉性障がい（自閉症）やアスペルガー障がいなどが位置づけられていていたが，それらをひとまとまりにして自閉スペクトラム症/自閉症スペクトラム障がいという診断名がつけられるようになったのである。

　旧来，自閉症やそれに類する障がいは比較的めずらしい障がいで，障がいがないとされる人とは根本的に異なる状態にあり，明確な線引きができるとされていた。しかし，現在ではそうした考え方は改められた。重度の自閉症から軽度の自閉症的な特徴を見せる状態を経て，とくに障がいはないとされるレベルに至るまでの症状は連続的ではっきりとした線を引くことはできない，と考えられるようになった。自閉スペクトラム症/自閉症スペクトラム障がいという診断名が採用された背景には，そのような考え方の変化があったのである。

　自閉スペクトラム症/自閉症スペクトラム障がいの特徴は，2つに大きくまとめられるとされる。まず，1つめは，社会的コミュニケーションの障がいである。学校や職場で適切な対人関係がつくれず孤立している。普段はほとんどしゃべらないうえに，話をするときは相手に対し自分の要求を一方的

にするだけで，相互的な関係をつくることができないことが多いのである。また，相手の立場に立って気持ちを理解したり，相手と視線を合わせたり，人との相互関係のなかで自分の表情をつくったり，相手の表情を読み取るというような言語的，非言語的なコミュニケーションができない，などといった点も特徴的である。もう1つは，限局された反復的な行動といわれるもので，興味が極端に偏っていて狭く，また，おもちゃを同じように一列に並べ続ける，意味不明の動作を儀式的に繰り返すといったような特定の行動に固執し反復することが挙げられる。また，特定の音や光に過敏に反応し避けたりすることも，その特徴として知られている。

　自閉スペクトラム症/自閉症スペクトラム障がいという診断は，これらの特徴が発達の早い段階から存在していて（ただし，症状が軽い場合は存在していても気づかれないまま思春期以降になってはじめて気づかれるケースもある），他の知的障がいなどでは説明がつかない場合につけられる。

　また，以上の症状は，人によってかなり差があり，上記のような症状が全般にわたって見られるケースから，一部に限られるケースまでさまざまである。なお，これまで，知的には平均かそれ以上のレベルで，言語面での問題は少ないものの，コミュニケーションや社会性の面で自閉症的な特徴をみせるケースを**アスペルガー障がい**とよんでいた。しかし，最新の診断基準ではそうした症状をもったケースも，自閉スペクトラム症/自閉症スペクトラム障がいの特徴の範囲内に収まるものとみなされるようになった。そのため，新しい診断基準ではアスペルガー障がいという診断名は廃止された。

　ところで，近年，自閉症やそれに類する診断名をつけられるケースが増加傾向にあるといわれる。20年ほど前までは自閉症という診断名をつけられるケースは子ども全体の0.1から0.2％ほどであったといわれる(注13)が，現在では自閉スペクトラム症/自閉症スペクトラム障がいの有病率はアメリカの統計によれば1％を超えるとされている(注14)。また，わが国では，2012年に文部科学省が小中学校の通常学級を対象に行った調査において「対人関係やこだわり等の問題を著しく示す」児童・生徒が1.1％に及ぶことが明らかになった(注15)。これらの児童・生徒も自閉スペクトラム症/自閉症スペクトラム障がいと考えられている。こうしたケースの増加には，とくに問題の

ないケースとはっきりと症状を見せるケースとの間に線引きをせず，いわば，グレーゾーンを広くとる自閉スペクトラム症/自閉症スペクトラム障がいの考え方が反映されている面もある。

さらに，旧来の診断基準では，広汎性発達障がい（自閉症に類する障がい）という診断と注意欠如・多動性障がい（ADHD）という診断を同じケースに同時につけてはならないとされていたが，新しい診断基準ではそれが可能になった。つまり，自閉スペクトラム症/自閉症スペクトラム障がいで，なおかつADHDというケースが存在することが認められたのである。こうしたことも含めて考えれば，自閉スペクトラム症/自閉症スペクトラム障がいのケースは今後も増えてゆくのではないかと思われる。

④注意欠如・多動症/注意欠如・多動性障がい

この障がいは，一般には注意欠陥多動性障がい（Attention-Deficit / Hyperactivity Disorder：ADHD，一般にはこの略称が使われることも多いので以下，ADHDとする）といわれ，発達障害者支援法でもそうよばれているが，医学用語としては，近年，注意欠如・多動性障がいとよぶようになった。

ADHDの主な症状は，まず，不注意や集中力のなさが挙げられる。人の話を落ち着いて聞くことができない，指示に従えない，何かをするとき順序立ててすることが苦手である，といったことなどが挙げられる。忘れ物の多さも目立つ。また，多動性，衝動性ももう一方の大きな特徴である。小学校低学年では教室で授業中着席していることができず，高学年ではその傾向は和らいではくるものの落ち着かず身体を動かしていたりする。ゲームのルールを守るとか並んで順番を待つことが苦手，人の会話をさえぎったりすることが多いといったこともある。

これらの症状が12歳以前から存在していたことが確認できれば，ADHDの診断がつけられることになっている（実際に症状が確認されるのは12歳以降でもかまわない）。なお，ADHDの症状にもいくつかのタイプがあるとされ，一般には，不注意，集中力のなさが目立つケース，多動性，衝動性が前面に出てくるケース，両者とも顕著なケースが存在するといわれる。

この障がいの有病率は，ほとんどの文化圏で子どものおよそ5％，成人でも2.5％程度いるといわれる(注16)。文部科学省の調査でも，小中学校の通常

学級に在籍する子どもの3.1％に「不注意または衝動性の問題を著しく示す」傾向が見られるとされる (注15)。

　ADHDの児童は，乱暴さや衝動性のために，仲間外れにされたり，親や教師からも無視や攻撃をされたりしやすくなっている。そのため，そのような扱いを受けることでADHDの児童は無力感や自尊心の低下などを起こしやすくなることから，うつ病や双極性障がい（そううつ病）を招きやすいともいわれている。その一方でADHDの児童は仲間外れにされたり，無視や攻撃をされたりすることから，他者に対する怒りや不信感ももつようになる。そして，それがさらなる暴力的な行動を引き起こしたり，反抗的な態度をとったりするようになるという。さらにそうした行動や態度がますます仲間外れや無視を招くことになり，悪循環に陥ってゆく。その結果，ADHDの児童は，思春期ごろになると，次第に怒りっぽさ，口論好き，挑発的行動，執念深さなどを主たる症状とする反抗挑発症/反抗挑戦性障がい（後述）を併発するようになり，さらには，他者に対する攻撃性，窃盗，虚言，法律違反なども厭わないといった特徴をもつ素行症/素行障がい（以前は，**行為障がい**といった；後述）につながって，なかには非行に走るケースも出てくるといわれる。また，素行症/素行障がいのケースの一部は，18歳以上になると**反社会性パーソナリティ障がい**（前述）の診断がつくようになることもあるといわれる。こうした，ADHDから反抗挑発症/反抗挑戦性障がい，素行症/素行障がいに至る流れをDBDのマーチとよぶこともある。この名称は，以前の診断基準でADHD，反抗挑発症/反抗挑戦性障がい，そして，素行症/素行障がいの3つの診断名が，注意欠如および破壊的行動障がい（Attention-Deficit Disruptive Behavior Disorder：DBD）という名称のグループにまとめられていたことによる (注17)。

　ADHDは遺伝で説明できる割合は比較的高いほうだといわれる。また，ADHDとされる者の脳を健常者と比べてみると，脳の特定の部位の容量が少ないというような研究もあるようだ。しかし，そうした研究がある一方で，虐待経験のある児童の中にはADHDによく似た症状を示すケースがあり，一見した限りADHDのケースと見分けることが非常に難しいという指摘もある (注18)。

⑤限局性学習症/限局性学習障がい

限局性学習症/限局性学習障がい（Specific Learning Disorder）は，一見聞きなれない診断名だが，新しい診断基準（DSM-5）では，これまで学習障がい（learning disability: LD）とよばれていたものをこのようによぶようになった（以下，よく知られたLDの用語を用いる）。LDは，知的な発達の遅れや視覚や聴覚などの問題もなく，また，生育歴などからみて環境面でも大きな問題のない状態にあったにもかかわらず，限定的，部分的な能力に著しく問題があり，学業に対して不適応を生じている状態をいう。そこには，何らかの中枢神経（つまり，脳）の機能の障がいが想定されており，単なる好き嫌いの問題や努力不足とも異なる。

具体的には，単語を途中で区切ってしまうなど文章を非常に不正確に読むことや，読んでいるものの意味を理解することが困難であること，ふつうなら就学後ほどなく書かなくなる鏡文字をいつまで書くことなど，文字を正しく書けない，「は」と書くべきところを「わ」とするような文法的にみておかしい文を書く，数の概念の理解が悪く10以下の足し算引き算のような単純な計算ができない，量の概念が理解できない，三角形，正方形といったレベルの簡単な図形を認知したり組み合わせたりすることが理解できない，といったような，読み，書き，算数になどに関する症状が挙げられる。これらの症状が1つでもあり，それが，少なくとも半年以上続き，そのために学業上不適応を来していることなどが診断の基準になる。一般的な診断は，こうした症状の存在を確かめ，同時に，知能検査を実施し全体的なIQは正常範囲内であること（しかし，そのなかの特定の検査内容だけが非常に低得点になるといったようないわゆるデコボコが見られることも多い）を確認するといった方法で行うことが多いようだ。

LDの有病率は異なる文化や言語によって多少の幅はあるものの5～15％程度とされる(注19)。文部科学省の調査では，小中学校の通常学級に在籍する児童・生徒で「知的発達に遅れはないものの学習面で著しい困難を示す」者の割合は4.5％と報告されている(注15)。

LDも遺伝的な影響は比較的高いほうだとされる。また，注意欠如・多動症/注意欠如・多動性障がいや自閉スペクトラム症/自閉症スペクトラム障が

いと合併しているケースも多いとされ，とくに前者を合併している割合は40％を超えているともいわれる(注20)。

⑥運動症群/運動障がい群

運動症群/運動障がい群（Motor Disorder）とよばれるグループも新しい診断基準（DSM-5）で創設されたものである。

このうち発達性協調運動症/発達性協調運動障がい（Developmental Coordination Disorder）は，物を頻繁に落とすとか，鋏をうまく使えないというような不器用さや，また，自転車にうまく乗れない，体育，スポーツが苦手といった運動が不得意なことを特徴とするもので，そうした不器用さ，不得意さのために日常生活や学校生活で不適応感を感じたり，支障を来しているレベルに達しているものをいう。5歳から11歳の年齢層におけるこの障がいの有病率は5～6％くらいといわれる(注21)。常同運動症/常同運動障がいは，体を揺らしたり，頭を打ち付けたり，自分の体を叩くといった意味のない行動を繰り返し駆り立てられるように行うもので，そのために，日常生活，学校生活に支障を来しているものをいう。

チック症群／チック障がい群（Tic Disorders）は，このグループのなかでは比較的知られたものかもしれない。チックには，運動チックと，音声チックがある。前者は瞬き，肩をすくめる，あるいは，首を回すといったちょっとした動作を突発的に繰り返したりするもので，後者は，うなる，鼻をならす，あるいは，聞いた言葉の音節の繰り返し，わいせつな，あるいは，差別的な単語を繰り返し発するなどするものである。運動チックと音声チックの両者が同時に，あるいは，同時でなくても一定期間内に両者が存在するケースを，トゥレット症/トゥレット障がい（Tourette's Disorder）という。チックは幼児期，児童期などによく見られるが，成長に伴い症状が消えてしまうことも多い。

食行動障がいおよび摂食障がい群，排泄症群

食行動障がいおよび摂食障がい群と排泄症群（Feeding and Eating Disorders）は，最新の診断基準（DSM-5）の分類上は成人一般にも見られる疾患，障がいとして位置づけられているが，実際は，成人期以前に発症することも

多いと思われるので、ここで紹介する。

　まず、食行動障がいおよび摂食障がい群に属するものとしては、拒食症として知られる**神経性やせ症/神経性無食欲症**（Anorexia Nervosa）が最も有名だろう。この疾患は通常青年期から遅くとも成人初期にはじまるとされ、有病率はおよそ0.4％程度、男子に比べ女子が10倍程度多いとされる(注22)。この疾患は、太ること、体型が変わること、体重増加に対して過度の恐怖心をもち、極端なダイエットを行うことを主症状とする。しかし、なかには間食などはある程度するもののそれを嘔吐したり、下剤などをつかって排出してしまうといった症状を伴うケースもある。いずれにせよ、それによって正常と考えられる体重の下限を下回ってしまう場合この診断が下される。なお、正常と考えられる体重の下限は、BMI（体格指数：Body Math Index）が17以下が目安とされる（なお、子ども、青年の場合、BMIパーセンタイル値を用いる）。この病気は、大人として成熟することへの拒否と関係しているともいわれ、かつては、そうした心理学的な解釈もさかんに行われてきたが、近年は、遺伝的な要因の可能性も指摘されるようになっている。

　この病気の恐ろしいところは、症状が慢性化するに伴い衰弱が進み、そのため、死亡するケースが、まれにではあるが、見られることである。また、自殺の危険も比較的高いほうだといわれる。

　よく似た診断名で、**回避・制限性食物摂取症/回避・制限性食物摂取障がい**というものがある。やはり、同じグループに含まれ、食べることへの無関心、食べることを避けるといった症状が中心になるが、神経性やせ症/神経性無食欲症と異なり、体重増加や体型の変化に対する極端な恐怖心などがない点で別の疾患として診断される。

　つづいて、過食症についても見ておこう。こちらは、**神経性過食症/神経性大食症**（Bulimia Nervosa）といわれる。この基本的な症状は、食べることを抑制できないという感覚が非常に強いということである。ストレスを感じるなど不快な気分になったとき過食をすることが多いといわれる。ただ、過食することを人から見られることは嫌がることも多い。さらに、体重増加や体型の変化に過敏な点は拒食と同じで、大量に食べた後に吐きもどしたり、下剤を使用して排出するといった行為も見られる。そうした点では、神

経性やせ症/神経性無食欲症と似た側面をもっており，実際に神経性やせ症/神経性無食欲症のケースが後になって過食になることもあるといわれる。神経性過食症/神経性大食症も男子より女子が多く，また，自殺の危険性は比較的高いといわれる。なお，これとは別に**過食性障がい（Binge-eating Disorder）**といわれる診断もあるが，こちらは吐きもどしたりすることはなく，体型の変化に対する過敏性なども弱いとされる。

　その他，食べ物，飲み物でないものを少なくとも1ヶ月以上食べることが常態化することで診断される**異食症**，食物の吐き戻しを繰り返し，吐きもどした物を再度噛んだり飲み込んだりするなどといった症状が特徴的な**反芻症/反芻性障がい**といった疾患も食行動障がいおよび摂食障がい群に含まれる。

　排泄症群に含まれる障がいとしては，身体的異常がないにもかかわらず尿，あるいは，便の失禁を繰り返す遺尿症，遺糞症などがある。これらは小さい子どもにはありがちなものと思われるが，遺尿症は15歳以上でも1％程度の有病率があるとされ(注23)，青年期に達しても見られることがある。

その他の発達途上に診断される精神，行動の障がい

　ここで紹介する疾患，障がいは，以前は，子どもに特有のものとされていたが，新しい診断基準（DSM-5）では成人を中心に発症する精神疾患とされてきた障がいのなかに含められるようになった。

　まず，このうちの**分離不安症/分離不安障がい**と**選択性緘黙**についてみてゆくが，これらの疾患は新しい診断基準では不安症/不安障がいにまとめられている。

　分離不安症/分離不安障がいは，母親のような主たる養育者，愛着をもっている相手から離れることに対する極端な恐怖や不安を主症状とするものである。2歳くらいの歩けるようになって間もない子どもは，養育者が立ち上がるとどこにでも追っていこうとするものである。なかには，もう少し大きくなって母親が子どもを保育所に預けて仕事に行くときなども，ひどく不安になって泣き叫んだりする子どももいる。この程度のことは別に異常でもないが，なかにはそのような状態がある程度の年齢に達してもずっと続き，学校での適応が難しくなっているケースもある。そのようなケースにこの診断

名がつけられる。**選択性緘黙**は，場面緘黙といわれることもある。他の状況では話すことができるにもかかわらず，学校のような誰もが話すことが期待されている場面で一貫して話すことができず，その結果，適応上の支障を来しているものをいう。この障がいが不安症のグループのなかに属している理由は，話ができないことが神経発達症/神経発達障がいに属する障がいのように何らかの脳の機能的な問題に由来するものでなく，むしろ，不安の高さと関連しているからである。すなわち，緘黙は，学校，幼稚園など対人的な緊張がおこりやすい場面で生ずる。有病率はかなり低く，思春期以降はとくに少ない。

つぎに紹介する**反応性アタッチメント障がい**，**脱抑制型対人交流障がい**は，新しい診断基準（DSM-5）では，**心的外傷およびストレス因関連障がい群**の中に属している。反応性アタッチメント障がいは，周囲に対し怯えや警戒心が強く，養育者も避けようとし，さらに同じ世代の友達ともうまく交流できないといった症状を中心とするもの，これとは逆に**脱抑制型対人交流障がい**は，幼児期からよく知らない人にも気楽になれなれしく接するなど選択制を欠いた対人行動をとり，児童期に入ると他人から関心を引こうとする態度を露骨に見せるなどといった症状を見せるものである。これらの障がいは，ともに，心的な外傷になるようなネグレクト（育児放棄）を受けたことが原因となっているとされる。

怒りやすさ，挑発的行動，執念深さを特徴とする**反抗挑発症/反抗挑戦性障がい**（Oppositional Defiant Disorder）や，攻撃性，破壊行為，虚言癖，窃盗，法律や規則に違反することに抵抗をもたないといった特徴をもつ**素行症/素行障がい**（Conduct Disorderかつては**行為障がい**といった）は，ADHDと関連が深い（前述）ことから，かつては，発達途上に診断される精神，行動の障がいのなかに位置づけられていた。しかし，新しい診断基準は，成人の障がいも含んだ**秩序破壊的・衝動制御・素行症群**（Disruptive Impulse-Control, and Conduct Disorders）の中に位置づけられている。

6. 注意すべきこと

　さて，この章を終えるにあたって，2つほど注意しておかねばならないことがある。

　まず1つめであるが，本章の内容は，あくまで初心者が専門用語に出会ったときに少しでも理解の助けになるよう基礎的な知識を提供するためのものだということだ。したがって，本書のような入門書の記述のみを頼りに児童・生徒に対し短絡的な診断を下すことは危険だということを知っておいて欲しい。近年，発達障がいに対する関心の高まりから，問題行動の目立つ児童・生徒に対して，専門医療機関に受診していないのにもかかわらず，本書のような入門書の解説を読んだだけであたかも発達障がいの確定診断が下されているかのように扱っている様子もときに見られる。また，なかには，学校側から保護者に，医療機関を受診して発達障がいの診断をつけてもらうようにと促すケースもあると聞く。こうした行き過ぎは，結果的にその児童・生徒に不適切な対応をしている可能性もあり，避けなくてはならないことである。精神，行動の障がいを診断することは，精神医学，精神保健などの専門的な訓練を十分受けた者のみができることだということをわきまえておくべきだろう。

　次に，これとは少し違う立場から注意点を述べる。過去数十年を通じて障がいをもつ人を支持的，共感的に受容しようという考え方が徹底されるようになってきた。このこと自体は障がい者に対する偏見や差別をなくすという見地からもとてもよいことだと思う。しかし，このような態度を徹底するあまり，精神・行動の障がいを診断すること自体が何か差別であり，悪いことであるというような考え方をもつ人もときに見かける。ただ，なにごとも行き過ぎはあるもので，精神や行動の障がいの症状をとらえるための診断という作業をなくしてしまっては，逆に障がいをもった児童・生徒の理解もままならなくなってしまう。このことは1つめの注意とは一見矛盾するようにも見えるが，要するに，どちらも真実であり，教育現場では，場面に応じて障がいをもった児童や生徒にとって一番よい中間点を見出すしかない。

第3章　児童・生徒の不適応，問題行動

1. 不適応，問題行動とは

精神医学的な診断の難しい領域

　前の章では，アメリカ精神医学会が作った診断マニュアル（Diagnostic and Statistical Manual）の第5版（DSM-5）の枠組みを利用しながら精神，行動の障がいについてみてきた。しかし，教育現場がかかえる心の問題を考えるとき，これらの精神医学的な障がいの分類は必ずしも最適とはいえない。実際の現場の教師にとって，一番関心があるのは，精神医学的な障がいではなく，不登校やいじめ，あるいは，校内暴力といった**不適応**や**問題行動**であろう。こうした不適応や問題行動は，一般には，精神医学の分類に当てはめにくい。例えば，不登校に精神医学的な診断を行おうとすると，うつ病と見られるケース，統合失調症の前兆を示しているケースなど複数の診断にまたがってしまう。また，そもそも不登校は精神医学的な診断のいずれにも分類できないような症状を示すようなケースが多いのが実情である。

　このような不適応や問題行動は，無理に精神医学的な分類に当てはめてみるより，実際の臨床像に即した分類を行い，その対応を考えてゆく方が現実的であろう。

不適応，問題行動の定義

　ところで，不適応や問題行動とは一体何をさすか少々考えてみよう。
　まず，**問題行動**について，古い資料だが，文部省（現，文部科学省）[注1]

は，問題行動を広義にとらえると「親や教師や仲間が迷惑を被っている行動，法に触れ，当局が統制の対象とする行動，当人が悩み，困惑している行動」などはすべて問題行動に含まれるとしている。一方で，文部省は，問題行動を狭義にとると社会に迷惑をかける行為，すなわち，反社会的行動のことをさすこともあるとしている。そうした議論を一通り行ったのち文部省は，具体的な問題行動として，盗み，校内暴力・家庭内暴力，性非行，飲酒・喫煙，薬物乱用，暴走族，家出，自殺などを列挙して現状と対応について触れている。

　また，文部科学省は，毎年，「児童生徒の問題行動等生徒指導上の諸問題に関する調査」を行い結果を公表している。ここでは，問題行動の定義を明確に行っていないが，調査の内容は，暴力行為，いじめ，不登校，自殺などとなっており，具体的にはそれらをさしていると思われる。

　次に，**不適応**についてみてみよう。やはり古い資料だが，文部省[注2]は，「生徒指導資料第12集　精神的な適応に関する諸問題―中学校編―」のなかで，不適応として，家出，自殺，学級内での人間関係の問題，登校拒否（不登校）などを取り上げている。不適応とは，反社会的行動を含まないさまざまな行動面，精神面での問題をさしているようである。また，文部省は1989年から1992年まで有識者による「学校不適応対策調査研究協力者会議」を開催していたが，こちらでは学校不適応の代表格として不登校の問題が大きく取り上げられていた[注3]。

　その後，文部科学省は，不登校やいじめなどの個々の問題について，問題が深刻化するたびに個別に取り上げて対策をとってきたが，それらを不適応，問題行動という名称のもとにまとめて取り上げたり，定義づけたりすることはほとんど行っていない。しかし，以上の経緯をもとに考えれば，不登校，いじめ，校内暴力，非行，少年犯罪，薬物乱用，性の逸脱行動などを総称して，児童・生徒の不適応，問題行動とよぶことについては一応の理解は得られるものと考える。

　本章では，まず，これらの不適応，問題行動のなかから，今日に至るまで学校教育における大きな問題であり続けてきた不登校といじめの問題を詳しくみてゆく。さらにそれに加え，校内暴力，家庭内暴力，非行，少年犯罪な

どについても紙面の許す限り触れたいと思う。

2. 不登校

不登校の実態

不登校は，一般に広く知られるようになってからすでに40年近くが経過しているが，依然として学校における代表的な不適応といってよいだろう。さらに，近年では，不登校は，関連の深い"ひきこもり"などとともに，現代のわが国を代表する社会病理とでもいうべき位置づけも与えられている。文部科学省では身体的理由によらない年間50日以上の欠席を不登校とみなし，統計をとってきたが，それによれば，ここ30年あまりで不登校の児童・生徒の数は約5倍に膨れ上がっている。また，文部科学省は，1991年からは身体的理由によらない年間30日以上の欠席についても不登校とみなせるとして統計をとりはじめ，現在では，こちらが不登校の定義として扱われている。これについては図3-1にその数の推移を示した。1990年ごろから2000年ごろまでは不登校は増加の一途をたどったが，2000年以降は増減を繰り返しながら横ばい状態にあることがわかる。この統計では不登校数を全

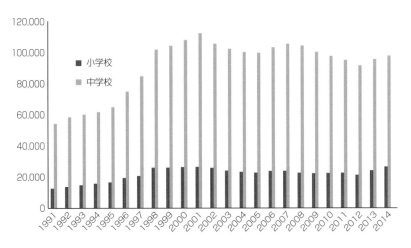

図3-1　不登校児童・生徒の推移（小学校・中学校）（年間30日以上の欠席）
（文部科学省「児童生徒の問題行動等生徒指導上の諸問題に関する調査　平成26年度」をもとに作成）

第3章 児童・生徒の不適応，問題行動

表3-1 不登校の全児童生徒数に対する出現率

区 分	小　学　校		中　学　校		計	
	(A) 全児童数（人）	(B) 不登校児童数（人） 出現率（%） (B/A×100)	(A) 全児童数（人）	(B) 不登校児童数（人） 出現率（%） (B/A×100)	(A) 全児童数（人）	(B) 不登校児童数（人） 出現率（%） (B/A×100)
1991	9,157,429	12,645 (0.14)	5,188,314	54,175 (1.04)	14,345,743	66,817 (0.47)
1992	8,947,226	13,710 (0.15)	5,036,840	58,421 (1.16)	13,984,066	72,131 (0.52)
1993	8,768,881	14,769 (0.17)	4,850,137	60,039 (1.24)	13,619,018	74,808 (0.55)
1994	8,582,871	15,786 (0.18)	4,681,166	61,663 (1.32)	13,264,037	77,449 (0.58)
1995	8,370,246	16,569 (0.20)	4,570,390	65,022 (1.42)	12,940,636	81,591 (0.63)
1996	8,105,629	19,498 (0.24)	4,527,400	74,853 (1.65)	12,633,029	94,351 (0.75)
1997	7,855,387	20,765 (0.26)	4,481,480	84,701 (1.89)	12,336,867	105,466 (0.85)
1998	7,663,533	26,017 (0.34)	4,380,604	101,675 (2.32)	12,044,137	127,692 (1.06)
1999	7,500,317	26,047 (0.35)	4,243,762	104,180 (2.45)	11,744,079	130,227 (1.11)
2000	7,366,079	26,373 (0.36)	4,103,717	107,913 (2.63)	11,469,796	134,286 (1.17)
2001	7,296,920	26,511 (0.36)	3,991,911	112,211 (2.81)	11,288,831	138,722 (1.23)
2002	7,239,327	25,869 (0.36)	3,862,849	105,383 (2.73)	11,102,176	131,252 (1.18)
2003	7,226,910	24,077 (0.33)	3,748,319	102,149 (2.73)	10,975,229	126,226 (1.15)
2004	7,200,933	23,318 (0.32)	3,663,513	100,040 (2.73)	10,864,446	123,358 (1.14)
2005	7,197,458	22,709 (0.32)	6,626,415	99,578 (2.75)	10,823,873	122,287 (1.13)
2006	7,187,417	23,825 (0.33)	3,609,306	103,069 (2.86)	10,796,723	126,894 (1.18)
2007	7,132,874	23,927 (0.34)	3,624,113	105,328 (2.91)	10,756,987	129,255 (1.20)
2008	7,121,781	22,652 (0.32)	3,603,220	104,153 (2.89)	10,725,001	126,805 (1.18)
2009	7,063,606	22,327 (0.32)	3,612,747	100,105 (2.77)	10,676,353	122,432 (1.15)
2010	6,993,376	22,463 (0.32)	3,572,652	97,428 (2.73)	10,566,028	119,891 (1.13)
2011	6,887,292	22,622 (0.33)	3,589,774	94,836 (2.64)	10,477,066	117,458 (1.12)
2012	6,764,619	21,243 (0.31)	3,569,010	91,446 (2.56)	10,333,629	112,689 (1.09)
2013	6,676,920	24,175 (0.36)	3,552,455	95,442 (2.69)	10,229,375	119,617 (1.17)
2014	6,600,006	25,866 (0.39)	3,520,730	97,036 (2.76)	10,120,736	122,902 (1.21)

（文部科学省「児童生徒の生徒指導上の諸問題に関する調査　平成25年度および平成26年度」をもとに作成）

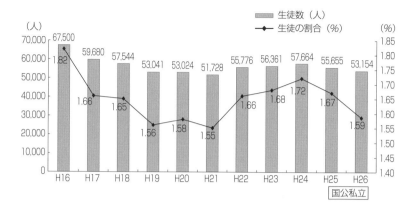

図3-2　高等学校における不登校数，出現率の推移
（文部科学省「児童生徒の問題行動等生徒指導上の諸問題に関する調査　平成26年度」による）

児童，生徒数で割った値，つまり，不登校の出現率も算出しているが，それによると平成3（1991）年の不登校の出現率は小学校で0.14％，中学校で1.04％であったものが，2014年では小学校で0.39％，中学校で2.76％となっている（表3-1）。高校生の不登校に関しては，文部科学省は2004年度より集計結果を発表している（2004年以降の人数と出現率は図3-2に示す）。それによると，2014年度の30日以上の欠席者に占める不登校は53,154人，出現率は1.59％となっている。これは，経済的理由2,044人（出現率0.06％），病気による欠席12,815人（出現率0.38％）を上回っている。また，義務教育ではない高等学校の場合，不登校が長期にわたって続くことで，原級留め置き，退学などのケースも多く，2014年の調査では不登校のケースのうち8.5％が原級留め置き，28.3％が退学となっている。

不登校概念の歴史的な変遷

　不登校は何も最近になって見られるようになった現象ではない。不登校に関する最初の研究は1932年にアメリカで発表されたという(注4)。その後，不登校に関する報告は，アメリカを中心に次第に増加し，1950年代ごろにはかなりの数に上るようになった。ただ，この時代までの不登校に関する報告では，不登校を**学校恐怖**（school phobia）とよび，いわゆる恐怖症の一

形態とみなすものが主流であった。学校恐怖の定義は必ずしも専門家の間でも一致していなかったが，その症状は，強い不安を伴うもので，母親から離れることに対する不安（分離不安）が極度に強く登校できないという症状を中核とするものであった。不思議なことに，学校恐怖といいながら，他の限局性恐怖症（例えば，不潔恐怖や動物恐怖；第2章参照）などのように学校が恐怖の対象そのものとなるようなケースは必ずしも多くなかった。わが国でも1960年代から不登校に関する報告が出てきたが，これらもほぼこの学校恐怖の流れを汲むものであった。

　その後，欧米の研究は目立った進展を示さなかったのに対し，わが国における不登校の研究は急速に増加してゆく。そのなかで，わが国の不登校のケースには，学校恐怖とよべるような強い不安の伴わないものが多数あることがわかってきた。わが国の不登校には家庭環境や受験戦争などが背後に原因として考えられるものや，身体的な症状があらわれるもの，怠学とも似ているが潜在的な心理的な葛藤を抱えていると思われるものなど，多様なケースが見られたのである。そのため1970年代ごろから学校恐怖という用語は必ずしも適していないといわれるようになり，次第に，**登校拒否**（school refusal）とよばれるようになった。ただ，登校拒否というといかにも積極的に学校に行くことを拒否しているようだが，実際に，学校に行っていない児童・生徒のなかには，学校に行きたいという強い希望をもちながらいざとなると登校できないというケースも多い。そうした事情も考えると登校拒否という用語も，また，最適ではないということになり，1980年代の後半からは，これに代わって**不登校**（non-attendance at school）の語が一般に用いられるようになり，現在に至っている。

不登校の心理学的分類

　わが国では，不登校に関する研究は1970年代ごろからさかんに報告されるようになってきたが，それらは，おおむね，臨床心理学者や児童精神科医によって行われてきた。そのため，不登校は主として個々のケースの心理的な側面や，行動の特徴を手掛かりに理解される傾向があった。そうした，研究の中心にあったのが，心理学的な要因やメカニズムに着目した不登校の分

類の研究である。

1978年、児童精神科医、平井信義は、主に心理的な要因の大きい不登校を取り上げ、①**慢性型**と②**急性型**に分けたが、以下、まず、これについてみてゆこう(注5)。

まず、**慢性型**であるが、幼稚園や保育所でなかなか親離れができず、通園しても程なく行かなくなることから始まる。小学校に入学してからはちょっとした病気で休んだ後や、学業などで少々のつまずきがあると不登校になるという。ただ、このころまでは、親は力ずくで登校させたり、欲しいものを買い与えて登校させるなどしてほどなく復帰させることも可能であるが、あまり変わらないまま思春期に至る。思春期以降になると、親は力ずくで登校させることも難しくなり、一度不登校になるとそのまま慢性化する。慢性型の不登校は、基本的には溺愛と過保護を受けた子どもに見られる不登校である。こうした子どもは一般に友達ができにくく、学科に対する好き嫌いが強く、偏食が著しいなどの特徴が見られるという。また、過保護な両親が玩具などを欲しがるままに買い与えるために物質的、金銭的な願望が強いともいわれる。つまり、これらの子どもは自己中心的で、また、自分のやるべきことを見つけ少々の困難があってもそれを達成してゆこうという意欲に欠けているとされた。

次に、**急性型**だが、こちらは"優等生の息切れ"タイプの不登校といわれた。ふつう、思春期以降に出現するとされた。それ以前は、むしろ、「まったく問題がないよい子」と評価されていた子どもが多かったという。

しかし、よい子、あるいは、問題のない子というのは大人の側から見た評価であり、実際のところこれらの子どもはふつう幼児期に出現する反抗期があらわれていなかったためによい子に見えたのである。子どもは、反抗期を経験することで自主性を養ってゆくのだが、このタイプの不登校になる子どもは自主性が確立されないまま、親の言うこと、先生の言うことをそのまま素直に受け容れて思春期にまで達してしまっているのである。そのため、このような子どもは、概して学業成績もよく、手のかからないよい子として扱われてきたのである。しかし、思春期に至り子どもの生活環境も大きく変化する。それまでは親や教師によって敷かれたレールの上をそのまま走ってい

ればよかったわけだが，中学に入学するころから，自分自身で考え，決めてゆかなければならないことが次第に増えてくる。ところが，こうした子どもにはそれができない。どうしてよいかわからないのである。ここで強い不安に襲われる。そして，何かちょっとしたきっかけで学業成績が低下したり，人間関係のトラブルがあったりすると，その不安が一気に吹き出て，頭痛や腹痛を訴え心身症になったり，強迫的になってものごとにこだわったり，何かを恐れるなどといった恐怖症のような症状が出てくる。そして，ついには不登校になるというのである。

1970年代は高度経済成長や都市化の進行などに伴い，核家族化が進み，過保護な子育てなどに注目が集まりはじめていた時代である。こうした時代背景も踏まえ，過保護や"よい子の息切れ"といった現象を心理的なメカニズムのなかにうまく取り入れた平井の分類は，その後の不登校の分類の枠組みを大きく方向づけることになった。

1980年代にはいると不登校の研究はさらに増加する。このなかで中心的な存在であったのが精神医学者，稲村　博である。稲村は，不登校に関する独自の治療法（心の絆療法）の開発と実践でも知られるが，不登校の分類でも成果を残した。

稲村は，まず，研究成果をもとに不登校を1. **急性型**，2. **反復型**，3. **精神障害型**，4. **怠学型**，5. **その他**に分類した。一方，稲村はこれとは別に臨床的な実感に即した分類として，1. 神経症的なタイプ，2. 怠学的なタイプ，3. その他という分類も提唱した (注6)。

まず，1. **神経症的なタイプ**であるが，前述の平井の急性型とほぼ一致するという。思春期に好発し，進学校の生徒や，元来勉強に熱心であった生徒によくみられるという。強い不安や緊張を伴うもので，学校に行かなければならないと思ってはいるのだが，どうしても登校できない。勉強もしなくてはならないと思うのだが，そう思えば思うほど勉強が手につかなくなり，何をしても頭に入らなくなる。やがて，精神的混乱から暴力的になったりもするが，次第に無気力化してゆく。

次に 2. **怠学的なタイプ**であるが，これはどちらかというと非進学校などの生徒に多くみられるという。このタイプはさらに2つに分けられ，1つは

怠けて非行などに走るタイプで、不登校というより非行の問題として考えるべきケースである。もう1つは怠けから自宅に引きこもるタイプで、稲村は、当時、このタイプの増加傾向を指摘していた。このタイプの生徒は、学校や勉強に興味がもてず、なぜ学校にゆかねばならないのか自分でもよくわからないが、はじめのうちは周囲の圧力もありなんとなく学校にゆくようだ。しかし、もとより、興味がないし、意欲もないので、何かのきっかけで休み出すとそのままずるずると登校せず、無気力化してゆくという。

　この2分類は、前述の平井の分類をほぼ受け継いだものだが、1980年代を通して私立中学校や小学校への受験といった激しい進学競争の裾野が広がり、また、その一方で、そうした競争からはずれた児童・生徒の意欲の低下などが問題になってきた時代背景をうまく汲み上げたものとなっている。

　一方、文部省（現、文部科学省）も、毎年、実施してきた調査に基づき不登校の分類を試みるようになった。これは上記の平井や稲村の心理的な側面に着目した分類とは異なり、不登校の発症の原因に焦点を当て、広く外的な要因も加味しながらつくられていた(注7)。

　この分類は、一般には、文部省の7分類（もしくは6分類）などとよばれた。すなわち、1. **学校生活に起因する型**　いじめなど嫌がらせをする児童・生徒の存在や、教師との人間関係など明らかにそれと特定できる原因から登校しないもの、2. **遊び、非行型**　遊ぶためや非行グループに入ったりして登校しない型、3. **無気力型**　何となく登校しない型で、登校しないことへの罪悪感が少ない、4. **不安など情緒的混乱の型**　登校の意志はあるが身体の不調を訴えて登校できない、漠然とした不安を訴えて登校しないなど不安を中心とした情緒的な混乱によって登校できない型、5. **意図的な登校拒否の型**　学校に行くことへの意義を認めず、自分の好きな方向を選んで登校しない型、6. **複合型**　1〜5のいずれかの型が複数組み合わさった症状をみせる型、7. **その他**　上記のいずれにも属さないもの、の7タイプである。

　文部科学省は、全国の不登校のケースをこの分類に基づいて集計していたが、このなかで、小学生、中学生とも3.無気力型と4.不安など情緒的混乱の型の2つの型が50％以上を占めていた。また、6.複合型も3.無気力型

```
平井の分類         稲村の分類              文部科学省の分類

急性型   ＝   神経症タイプ      ⇒   不安など情緒的混乱の型

慢性型   ＝   怠学的なタイプ    ⇒   無気力型
```

図3-3　3つの不登校の分類の対応可能性

と4.不安など情緒的混乱の型の複合が多かったのではないかと思われた。そうしたこともあり，7つに分類されてはいるものの，多くの臨床心理学者や教育相談の専門家の間では，この両タイプこそが典型的な不登校のケースと考えられていた。この両タイプに共通する特徴として，心理的な要因が発症に大きく寄与しているということがあった。さらに，それぞれのタイプをみると，3.無気力型は前述の平井の慢性型，稲村の怠学的なタイプに，4.不安など情緒的混乱の型は平井の急性型，稲村の神経症的なタイプに，それぞれ通じるものがあった（図3-3）。

　このようにしてみると，不登校は心理的な特徴からいくつかのタイプに分類でき，そうした視点から理解されるものという考え方が，1970年代から1990年代を通して，一貫して存在していたことがわかる。そして，こうした心理学的な理解を重視する考え方が，不登校問題の解決策としてのスクールカウンセラーの導入を積極的に推進するという流れにつながった側面もある。

きっかけからみた不登校の理解

　しかし，2000年代に入ると，専門家の間では，不登校をいくつかのタイプに分けて理解するという従来の姿勢に変化が見られるようになった。また，そうした流れに応じた文部（科学）省も，これまでの分類を基礎におく不登校理解を改めていった。前述の文部（科学）省の7タイプも数度にわたって修正されてゆくが，そこでは，不登校をより広い視点からとらえ直そうという視点の変化が見られる。表3-2は，2010年度より採用されたタイプ分けである。ここでは，不登校になったきっかけ（原因）を，まず，「学校に

2. 不登校

表3-2 不登校になったきっかけと考えられる状況

状況	区分	小学校	中学校	合計
学校にかかわる状況	いじめ	313 人 1.2%	1,060 人 1.1%	1,373 人 1.1%
	いじめを除く友人関係をめぐる問題	2,903 人 11.2%	14,910 人 15.4%	17,813 人 14.5%
	教職員との関係をめぐる問題	855 人 3.3%	1,520 人 1.6%	2,375 人 1.9%
	学業の不振	1,825 人 7.1%	8,975 人 9.2%	10,800 人 8.8%
	進路にかかる不安	118 人 0.5%	1,616 人 1.7%	1,734 人 1.4%
	クラブ活動,部活動等への不適応	42 人 0.2%	2,139 人 2.2%	2,181 人 1.8%
	学校のきまり等をめぐる問題	162 人 0.6%	1,786 人 1.8%	1,948 人 1.6%
	入学,転編入学,進級時の不適応	573 人 2.2%	2,780 人 2.9%	3,353 人 2.7%
家庭にかかわる状況	家庭の生活環境の急激な変化	2,378 人 9.2%	4,508 人 4.6%	6,886 人 5.6%
	親子関係をめぐる問題	4,931 人 19.1%	8,520 人 8.8%	13,451 人 10.9%
	家庭内の不和	1,232 人 4.8%	3,538 人 3.6%	4,770 人 3.9%
本人にかかわる状況	病気による欠席	2,366 人 9.1%	7,548 人 7.8%	9,914 人 8.1%
	あそび・非行	239 人 0.9%	8,190 人 8.4%	8,429 人 6.9%
	無気力	5,947 人 23.0%	25,877 人 26.7%	31,824 人 25.9%
	不安など情緒的混乱	9,327 人 36.1%	27,276 人 28.1%	36,603 人 29.8%
	意図的な拒否	1,489 人 5.8%	4,743 人 4.9%	6,232 人 5.1%
	上記「病気による欠席」から「意図的な拒否」までのいずれにも該当しない,本人に関わる問題	1,359 人 5.3%	4,789 人 4.9%	6,148 人 5.0%
	その他	1,391 人 5.4%	1,306 人 1.3%	2,697 人 2.2%
	不明	411 人 1.6%	1,254 人 1.3%	1,665 人 1.4%

(注1) 複数回答可とする　(注2) パーセンテージは,各区分における不登校児童生徒数に対する割合。

(文部科学省「児童生徒の問題行動等生徒指導上の諸問題に関する調査　平成26年度」をもとに作成)

かかわる状況」「家庭にかかわる状況」「本人にかかわる状況」の3つの大きなカテゴリーに分けている。そして、旧来重視されてきた心理学的な要因（「無気力」「不安など情緒的混乱」）は、「本人にかかわる状況」の下位項目としてそれぞれ位置づけられた。一方、新たに設けられた3つの大きなカテゴリーのうち、「学校にかかわる状況」「家庭にかかわる状況」は、児童・生徒にとって広い意味での社会的な環境のすべてを含んでいる。これまでの不登校理解は、心理学的な要因のような内的な側面を重視してきたが、新しい分類では外的なきっかけも重視するようになったのである。

　ただ、表3-2をみると、「本人にかかわる状況」のうち「無気力」と「不安など情緒的混乱」の2つの項目は、比較的高い割合を占めているのも事実である。心理学的な側面が原因となっている不登校は、相変わらず多いのである。しかし、その一方で、「学校にかかわる状況」のうち「いじめを除く友人関係をめぐる問題」や「学業の不振」、また、「家庭にかかわる状況」のうち「親子関係をめぐる問題」なども無視できないレベルとなっていることがわかる。つまり、こうした広い意味での外的な環境要因に働きかけることで不登校に対応する余地も、まだ、残されているのである。外的な環境要因に働きかける不登校対策をどう行ってゆくかは、今後の課題となろう。

　なお、この表3-2のもととなった調査では、きっかけに関する各項目はいずれか1つを選ぶものではなく、多数ある項目をいくつでも選択できるよう（複数回答が可）になっていた。つまり、1人の不登校の児童・生徒が不登校になったきっかけとして「本人にかかわる状況」「学校にかかわる状況」の両方を選択することも可としたのである。こうしたことからもわかるように、現在では、文部科学省も不登校のケースを、いくつかのタイプのなかの1つに当てはめて理解してゆく旧来のやり方を改めている。不登校は、個々のケースの実態に即し、できるだけ多面的にとらえてゆくべきものと考えるようになったのである。

不登校は誰でもなりうるという言説
　一方で、不登校になりやすい児童・生徒にはいくつかの心理学的な特徴や背景が存在するという指摘も行われてきた。例えば、過敏、神経質、あるい

は，自己中心的，わがままといった性格的な特徴は不登校の発症と関連しているといわれてきた。また，過保護，過干渉といった家庭的背景が不登校の原因となっているという指摘もあった。しかし，現実には，こうした性格特徴や家庭的背景がそろっていても不登校を発症させない場合もあれば，逆に，これらの特徴や背景がそろっていなくても不登校になる場合もあった。

こうした状況を受けて文部科学省も，1993年の通達(注8)のなかで「登校拒否はどの児童生徒にもおこりうるものであるという視点に立ってこの問題をとらえていく必要がある」と明言し，不登校の原因や背景を特定の性格や家庭環境に求めないという立場をとった。ただ，その一方で，この言葉が独り歩きしてしまい，「不登校は誰でもなりうるのであるから，なってしまったらそれで仕方ない」といったような誤解を招き，さらには，「不登校になったケースに登校を促す（登校刺激を与える）ことは，状況を悪化させるおそれがあるので，やめたほうがよい」というような言説を生むに至った。しかし，前述のように不登校になる直接のきっかけは，友人関係や学業不振といったはっきりとわかるケースも少なくない。また，教師や保護者には気づかれにくいちょっとした人間関係のトラブルが原因となっており，本人と丁寧に話をしてみることでそれが明らかになることなども意外に多い。こうしたことがきっかけになっている場合，これらの要因を改善させることで登校しやすい環境をつくることは可能である。もちろん，一方的に叱責するように登校を促すことがプラスにならないことはいうまでもないが，具体的な改善策が可能なケースまで，不登校は内面的，心理的な要因によるところが大きいとして何の手だても講じないことは，やはり誤りであろう。

近年では，文部科学省も，不登校の支援に関連して，①不登校を心の問題としてのみとらえるのではなく，将来の社会的自立に向けた「進路の問題」としてとらえ支援してゆくこと，②学校，家庭，地域が連携協力し，不登校の児童・生徒がどのような状態にあり，どのような支援を必要としているのか正しく見極め，適切な学習の機会を提供すること，③児童・生徒が学校に楽しく通うことができるよう，学校教育の一層の充実のための取り組みを展開してゆくこと，④児童・生徒の状況を理解しようとすることもなく，あるいは必要としている支援を行おうとすることもなく，ただ待つだけでは，状

況の改善にならないという認識をもつこと，⑤保護者を支援し，不登校となった子どもへの対応に関してその保護者が役割を適切に果たせるよう，学校と家庭，関係機関の連携を図ること，などを提案しており(注9)，むしろ，積極的な介入，支援を行うべきという立場をとっている。

発達障がいと不登校

　最近，不登校の児童・生徒に一定割合で自閉スペクトラム症，LD（限局性学習障がい），ADHD（注意欠如・多動性障がい）（いずれも第2章参照）などの，いわゆる，発達障がいのケースが含まれているということが話題になっている。例えば，自分に対するこだわりが強く，他者の気持ちを理解したり，適切なコミュニケーションをとることが苦手な自閉スペクトラム症の児童・生徒は，周囲から孤立するなどの人間関係のトラブルを招きやすく，そのために二次的に不登校になるケースがあるという。また，衝動性が高く落ち着きのないADHDの児童は，幼いころからさまざまな問題を起こして叱責されるという経験を繰り返しているため，小学校高学年や中学生段階になると自尊心や意欲の低下に陥りやすい。そのため，ちょっとしたきっかけで不登校になりやすいといったようなこともあるという(注10)。

　不登校の児童・生徒のなかに発達障がいをもつケースが占める割合は，5％程度という報告もあれば，なかには40％に達するという報告もある。また，逆に，発達障がいのある児童・生徒のうち不登校になっているケースはおおむね10％程度といわれている(注10)。いずれにしろ，現在では，不登校と発達障がいとの関係は無視できないものとなった。発達障がいは，さまざまな環境調整によって，そこから生ずる二次的な障がいを軽減できる部分もあるとされている。だから，発達障がいの児童・生徒に対してさまざまな環境調整を行い，支援，介入することは，結果的に，不登校の防止，さらには，介入，支援にもつながることもあるのである。前述のように，近年，不登校に対する積極的な介入，支援の必要性が指摘されるようになっているが，それは，このように発達障がいとの関わりという点からみても理解できる。

心理的要因が強い不登校の経過

　ここまで述べてきたように，現在では，不登校のきっかけとして人間関係のトラブルや，また，潜在的要因としての発達障がいが関与しているケースが，一定割合を占めていると考えられるようになってきた。そうしたケースについてはむしろ初期の段階で積極的に介入，支援することで回復が可能なことも多い。

　しかし，そうはいっても旧来から取り上げられてきた心理的な要因が背景にある不登校も，その数は決して少なくない。ここでは，そうしたケースがたどる経過について簡単にみてゆきたい。

　まず，不登校は，年度や学期のはじまりなど環境の変化，些細な友達関係のトラブル，あるいは，風邪などで数日休んだ後にはじまることが多い。はじめは腹痛，下痢，気分不快，嘔吐，頭痛など**身体症状**を訴えるが，実際には疾患はとくに見られない。このような状態は数週間から数ヶ月続くこともある。そして，そのまま不登校が常態化してしまう。

　次に，**不穏な時期**になる。初期に強かった恐怖や不安感が怒りやイライラに変わってきて，**暴力**がはじまる。暴力は両親，家族などに向けられ，殴る，蹴る，口汚くののしることや，さらには，物を壊すことなどもある。

　不穏な暴力の時期が過ぎると，今度は，**ひきこもり無為に過ごす時期**がやってくる。自室にひきこもり，昼夜逆転の生活となる。午前中は寝て過ごし午後起き上がり，テレビを見たり，インターネットやゲームをして時間を潰すことが多い。家族とも接触することを避け，食事は家族が寝静まった後にするか，自室に持っていってする。入浴，散髪などもあまりしなくなるという。この時期は相当長期にわたって続くようである。

　次は，**意欲回復の時期**である。引きこもり外部との接触を絶っていた生活も，自然に雪解けを迎える。家族との会話も少しずつ増えてきて，いつのまにか昼夜逆転の生活ももとに戻ってくる。意欲も少しずつ回復してきて，近所の図書館に行ったり，さらに調子がよいと以前に通っていた稽古事や塾に顔を出してみることなどもでてくる。また，この時期に適応指導教室（教育支援センター，後述）などをうまく利用することで，登校再開につなげることができることも多い。

そして、**登校再開の時期**である。自分の身の回りの生活の管理ができるようになり、また、塾や稽古事あるいは適応指導教室などを通して外部との関係もある程度もてるようになってくると、登校再開の可能性が出てくる。小学生のケースや、思春期以降でも比較的症状の軽いケースでは、登校が再開するとそのままスムーズに学校に再適応することもあるようである。しかし、思春期以降の重症のケースでは、学校に再適応するまでにかなり苦労することも多い。また、思春期以降の重症のケースの中にはこの段階にたどりつくまでに3年以上の期間を費やすこともしばしばある。そうなると、中学校の場合、学校側の取り計らいで卒業扱いになってしまったり、高校の場合、休学の許容年数を超えて退学になってしまっていたりするなど、再登校をしようにも行く所がない場合もある。このように思春期以降のケースでは、現実にはかなり再適応に困難を来すことが多いようである。そうしたケースが、近年社会問題化している青年から成人にわたる長期の引きこもりになっているとも考えられる。

教師としていかに対応するか

最後に、不登校の対応、治療について教師の立場から対応すべき点について述べてみる。

①不登校のきっかけに応じた初期対応を

たいていの場合、不登校は勉学のつまずき、友達とのトラブルなど直接的なきっかけがあって始まる。教師は、まず、そのようなきっかけについて、本人（あるいは保護者、他の教師など）から話を聞くべきであろう。そして、そのようなきっかけとなった原因を取り除き、登校しやすいような環境調整につとめること必要であろう。それによって改善に向かうケースもかなりあるだろう。しかし、一部の心理的な要素の強い不登校の場合、簡単な原因の除去では、事態は改善しないことも多い。そうしたケースについては、むしろ、この段階で本人や保護者からきっかけについて話を聞くことは、別の心理的な問題を理解する糸口になるかもしれないと考えて、接したほうがよい。

②不登校に通じた専門医にみせる

　初期の段階で教師は少なくとも何らかの形で保護者と接触をもつはずである。ここでするべきことはやはり，一度は不登校などに理解のある専門医にみせるように勧めることだと思う。ただ，不登校初期では，ほとんどのケースで身体症状をみせているから，医師の診察を受けている場合も多い。しかし，不登校のケースに通じていない医師の場合，必ずしも適切な対応がされない場合もある。

　また，前述のように，もともと自閉スペクトラム症，ADHDなどの発達障がいが基底にあり，それに由来する不適応症状として不登校になっているケースも少なくない。その場合，まずは，発達障がいの特徴を踏まえた対応が必要になってくる。さらに，ケースによっては，統合失調症，うつ病，神経性やせ症（いわゆる拒食症）などの精神医学的な障がいの初期症状の１つとして不登校が出現していることもあるが，それらをどう見分けるかは，やはり，経験豊かな専門医でないと難しい。ただ，そうしたケースは適切な精神医学的な治療が行われば，心理的な要因の大きい典型的な不登校よりも，むしろ，回復も早いこともある。さらに，不登校の治療そのものもできるだけ早い時期にはじめたほうが，回復も早いといわれる。そのためにも，不登校など児童・生徒の心の問題に通じた専門医への受診は必要なのである。

③保護者との連絡を絶やさない

　さて，次に，不登校がある程度はっきりしてきた段階でどう対応するかであるが，ここで知っておいて欲しいことは保護者との連絡をできるだけ絶やさないようにすることである。本人が登校しておらず，目の前にいないとなると多忙な教師は次第に登校していない児童・生徒のことを忘れがちになるかもしれない。しかし，不登校に対応する場合，保護者との連携は基本である。それを絶やしてしまっては何もはじまらない。たいていの場合，担任は児童・生徒の家庭訪問をするはずである。本人は出てきて会う場合もあるし，面会を拒否する場合もあるかもしれない。その場合でも，保護者の話に耳を傾けるだけでも意味はあるのである。また，このころになると本人はそろそろ家族に暴力を振るうなどの不穏な行動をとるようになっていることもある。そのような最中にいる家族の精神的な疲労は大きい。保護者の精神的

な負担が児童・生徒本人にさらなる悪影響を与えていることもある。そのためにも保護者の悩みをともに分かち合う意味はあるのである。さらに，不登校が本格的に長引くと，その間に学年もかわり，ときには担任の交代もありうる。このようなときそのまま保護者との連絡も絶えてしまうこともあるが，やはり，それには対策が必要であろう。そうした意味で，保護者との関係は担任と保護者という一対一の関係ではなく，教師全体の理解があって成り立つものなのである。

④登校刺激を与えるべきか

さて，もう１つ，不登校がはっきりしてきたケースに接する場合の注意を述べておこう。それは，登校を促す（つまり，登校刺激を与える）べきかどうかである。原因が比較的はっきりしているようなケースについては，それに対応するような環境の調整をするなかで，適宜，登校刺激を与えることになろう。しかし，もちろん，やみくもに登校刺激を与えればよいわけではなく，与え方には工夫や配慮が必要になる。一方，一部の心理的な要因の強い不登校の場合，原因もわからないままなかなか事態は改善しないことも多い。そのようなケースにおいて心理的要因が変化するにはやはり一定の時間が必要である。仮に，登校刺激を与え登校を再開しても，背後にある心理的な問題がそのままであれば，長続きしないことが多いのである。したがって，そうしたケースにおいては，登校刺激を与えるべきかどうかについては，スクールカウンセラーなど不登校に通じた専門家の意見を聞きながら，慎重に判断すべきであろう。

⑤状態がある程度落ち着いてきたら

不登校が長期にわたると，次第に，保護者も担任も本人が登校しないということに慣れてしまい問題意識も薄れがちである。

しかし，担任はやはり時々でも家庭訪問をした方がよい。また，本人と会えるときは，本人の得意なこと，興味のあることなどを手掛かりに話をする機会をみつけられるとよいが，これも必ずしも強制的にする必要はない。とにかく，本人のことを遠くからでも見守っているのだという姿勢が伝わればよいのだ。冷たくなってはならないが，お節介になる必要もない。

⑥回復期に入ったら

担任の家庭訪問をあまり抵抗なく受け入れ回復期に入ってくると，本人から登校するといいだすこともよくある。ただ，登校するといいながらもなかなか実際に登校に踏みこめないことも多い。

なお，後述のようにこの時期に，もとの学校の人間関係などに不安を感じ，登校再開に踏み切れないケースでは，教育支援センター（適応指導教室）に通うことを勧めるとよいかもしれない。また，保健室登校ならできるということもあるかもしれない。もちろん，保健室登校は不登校からの完全な回復状態ではないが，経過的にはあってもよいと思う。この場合は養護教諭との連携も大切になってくる。

登校を再開しても，なかなか長続きしないこともある。数日単位で登校と不登校を繰り返すときもある。しばらくは十分な配慮が必要である。

⑦教育支援センター（適応指導教室）を利用する

文部科学省によれば「教育支援センター（適応指導教室）とは，不登校児童・生徒等に対する指導を行うために教育委員会が，教育センター等学校以外の場所や学校の余裕教室等において，学校生活への復帰を支援するため，児童生徒の在籍校と連携をとりつつ，個別カウンセリング，集団での指導，教科指導等を組織的，計画的に行う組織として設置したものを」[注11]いう。2014年度は全国で，1,324箇所が設置され，小学生および中学生についていえば14,918人の児童・生徒が利用している。その割合は不登校児童・生徒のおよそ12％にあたる。

これら教育支援センターは，通常，数人から数十人程度の児童・生徒が在籍し，多くは学年を問わず同じ教室等を居室にしている。プログラムは学習指導，ゲーム，スポーツなども織り交ぜ通常の学校よりかなり緩い枠組みで構成されている。ふつう，教育支援センターは回復期に入った児童・生徒が学校に復帰する前段階として利用することが多い。長期にわたる引きこもりを経験したケースなどは，同年代の児童・生徒との人間関係や社会との接点が途絶えてしまっている場合もあり，そうした児童・生徒には通常の学校より緩い枠組みで少しずつ人間関係を再構築してゆくプロセスとして機能するのである。そのため，学校に復帰するには不安が大きい児童・生徒でも，学

区も異なりみな自分と同じ不登校経験者が集まる教育支援センターならば心理的抵抗も少なく，意外にも，電車やバスを利用して遠方まで通うことさえ厭わないこともある。

　担任としては，そうしたことも考え，適当なチャンスを見計らい本人や保護者にこれらの機関の利用を勧めてみることもよいであろう。また，多くの教育委員会では，教育支援センターに一定の条件を満たして通学した場合，学校に出席したものと同じ扱いにしている。こうしたことも含め，学校と教育支援センターとが連携を図ることも重要になってくるのではないかと思う。

⑧どのような治療法を選択すべきか

　不登校の治療法としては，精神分析療法，クライエント中心療法（第5章参照）など心理療法の各派が，それぞれ不登校向けの治療法を開発し，適用を試みている。それぞれの治療法には得意とするタイプの不登校もあり，どの方法を適用していくかは予後の成否にも関わる。しかし，治療法の選択については，やはり専門的な判断が必要になってくるので，基本的には不登校に詳しい専門医，あるいは，教育相談所などの専門家にまかせるべきである。といっても，すべてお任せということがよいわけではない。とくに行動療法などは，保護者，家族などが一貫して協力することで治療効果もずっと高まる。できれば，教師も治療にあたる専門家と話をする機会がもてるとよいと思う。

⑨あまり悲観しないこと

　引きこもりの時期が長いケースの場合など，教師も保護者もこのままずっと何十年もこのような生活を続けるのではないかと思い，将来を考え，暗澹たる気持ちになってしまう。しかし，基本的に児童・生徒は発達途上にあるから，体が大きくなるのと同じように，心も少しずつ変化してゆくものである。少し気長に付き合おうという気持ちで構えることも必要である。著者の個人的な経験でも，本人には治療的な対応はせず母親と定期的に面接をして報告を受けるだけでも，1年くらいの間にはかなり状態は変化してくるように感じたことがある。

　もちろん，2012年の内閣府の統計でも15歳から34歳の非労働力人口のうち，家事も通学もしていない者（いわゆる"引きこもり"）が63万人にも達

しており，この中には不登校から移行しているケースも多いと思われる。これらについてはこれからも対策が必要なのだが，こうした情報に接して悲観してばかりいても問題が解決するわけでもない。つらい状況の中でも周囲の者が前向きの気持ちを失わないことも大切である。

3．いじめ

いじめの定義

いじめ（school bullying）は，学校における不適応，問題行動の代表格として，不登校と並び扱われる。

まず，いじめの定義であるが，旧来，文部科学省はいじめを以下のように定義していた。すなわち，①自分より弱い者対して一方的に，②身体的・心理的な攻撃を継続的に加え，③相手が深刻な苦痛を感じているもので，また，それがおこっている場所は学校の内外を問わない，ことになっていた。ただ，2006年からは，この定義を改めた。そこでは，いじめとは当該児童・生徒が，一定の人間関係にある者から，心理的・物理的な攻撃を受けたことにより，精神的な苦痛を感じているもの，とされている。文部科学省はこの新しい定義の基本的な考え方として，個々の行為がいじめにあたるか否かの判断は，表面的・形式的に行うことなく，いじめられた児童・生徒の立場に立って行うということを挙げている。つまり，これまでの事実関係に即した定義ではなく，被害者側の児童・生徒の心理的な被害感を重視しようというのである。なお，定義中にある「一定の人間関係にある者」とは学校の内外を問わず当該児童・生徒と何らかの人間関係にある者をさすとしている。さらに，定義中の「攻撃」とは仲間はずれ，無視などの心理的に苦痛を与えることこを含み，また，金品をたかられる，物を隠される等の行為は物理的な攻撃の一部と見なす，といったことが補足されている (注12)。

いじめの認知（発生）件数

表3-3を参照されたい。2014年度，確認されているだけで全国の小学校の55.3％，中学校の67.5％，高等学校の46.9％，さらには，特別支援学校等の

表3-3 いじめの発生学校数・発生件数（2014年度）

	学校総数 （A）	認知学校数 （B）	比　率 B／A×100（%）	認知件数 （C）	一校あたりの認知件数 C／A
小学校	20,850	11,536	55.3	122,721	5.9
中学校	10,607	7,161	67.5	52,969	5.0
高等学校	5,730	2,686	46.9	11,404	2.0
特別支援学校	1,095	258	23.6	963	0.9
合　計	38,282	21,641	56.5	188,057	4.9

（文部科学省「児童生徒の生徒指導上の諸問題に関する調査　平成26年度」をもとに作成）

特殊教育諸学校の23.6％でいじめが報告（認知）されており，合計数は188,057件にもおよぶ。

いじめの認知（発生）件数の推移

　図3-4は，現在のような形で調査をとりはじめた1994年から2014年までの小学校，中学校，高等学校，特別支援学校のいじめの認知（発生）件数の推移である。前述のようにいじめの定義は，2006年度より，旧来の事実関係を基準するものから，被害者の内的な苦痛を基準にするものに変更された。そのため，これまでいじめとして認知されなかったものが含めて計上されるようになったことなどもあり，認知数は2006年度より急増している。こうしたことも考えると一貫して結果を解釈することは難しいが，このグラフをみる限り，1995年ごろ，2006年ごろ，2012年から2014年ごろにピークがあることがわかる。さらに，これも調査方法が異なるため正確な比較はできないが，1985年から1993年までのいじめの認知（発生）件数（図3-5）をみると，やはり1985年ごろにピークがあることがわかる。

　こうしてみると，いじめについては5年から10年間隔ほどでピークが見られるようである。まず，はじめは，1985年ごろのピークで，深刻ないじめによる児童・生徒の自殺の報道が相次いだ。1986年2月，東京中野区で中学2年生男子が執拗ないじめをうけ自殺したが，その詳細が明らかになるなかで，いじめグループによって"葬式ごっこ"が行われ教師がそれに加担し寄せ書きに署名していたことが問題になった。当時の文部省（現在の文部科学省）は実態調査や提言を行ったり，各教育委員会が対策に乗り出すなど

して鎮静化を見せたが，このおよそ10年後再びピークがおとずれた。今度は1994年愛知県西尾市で，やはり，中学2年生の男子がいじめを受け自殺した。このときは残された遺書からいじめの状況が明らかになり，とくに多額の現金を数回にわたって要求されていたことなどが注目された。この事件も連日，メディアを通じて報道され，さらに，各地でいじめによる自殺が起こっていたことなどが次第に明らかになってきた。このときも当時の文部省が対策会議を設置したり，また，学校でもいじめに関するアンケートを行うなどの対策がとられた。さらに，この前後から導入され始めたスクールカウンセラーなどもある程度効果を発揮し，その後は漸減傾向を見せた。

ところが，また，およそ10年後，2005年9月に，今度は，北海道滝川市で小学校6年生女子が，翌10月には福岡県筑前町で中学校2年男子がそれぞれ自殺し，それらがともにいじめが原因であったことが取り上げられた。そして，それを機に各地で児童・生徒のいじめが再び多発している実態が，

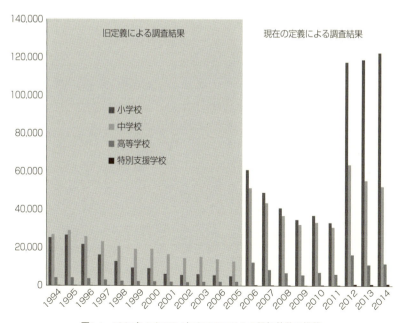

図3-4　1994年から2014年までのいじめの認知件数の推移
（文部科学省「児童生徒の問題行動等生徒指導上の諸問題に関する調査　平成26年度」をもとに作成）

改めてメディアを通じて報道された。とくにこのときは，学校，教育委員会側の隠ぺい体質が批判され問題になった。これが3番目のピークにあたる。そして，これが前述の文部科学省によるいじめの定義の見直しにつながった。また，当時設置されていた教育再生会議が2006年11月「いじめ問題への緊急提言」を出したり，2007年2月からは「24時間いじめ相談ダイヤル」（後述）が設けられるなどの対策がとられた。

しかし，その後，再びピークが訪れる。今度は，2011年10月滋賀県大津市で中学2年の男子生徒がいじめによって自殺する。この事件の詳細については成書 (注13) に譲るが，被害者は連日の暴行や万引きの強要，金銭の要求などをされたほか，「自殺の練習をさせられていた」との証言が寄せられたことなどが問題になった。また，このときも，教育委員会，学校側がいじめ

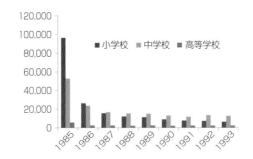

図3-5　1985年から1993年までのいじめの認知件数の推移
（文部科学省「児童生徒の問題行動等生徒指導上の諸問題に関する調査　平成25年度」をもとに作成）

図3-6　学年別のいじめの認知（発生）件数（2014年度）
（文部科学省「児童生徒の問題行動等生徒指導上の諸問題に関する調査　平成26年度」をもとに作成）

があった事実をなかなか認めようとしなかった点がメディアを通じて批判の的となった。また，これをきっかけとして，この前後に全国各地でいじめが原因と思われる自殺が相次いでいたことが報道された。

　このようにいじめの認知（発生）件数は，統計上は，数年から10年程度の間隔をおいて増減を繰り返しているが，これが実際にあった件数を正確に反映しているかどうかには疑問も残る。2011年の滋賀県のいじめ自殺がマスコミで取り上げられるなかで，全国各地のいじめ自殺のケースが明らかになってきたことなどからも，そうした様子は読みとれる。例えば，2012年9月になって明らかになった熊本県八代市の中学3年生のケースは，実際は2011年4月に発生した事案であった。こうした状況をみると，いじめによる自殺がマスコミ等でさかんに取り上げられると，それまではいじめと認知されなかったようなケースに注目が集まりいじめとして報告されるケースが増加するが，やがて，関心が薄れるにつれて統計上の件数を減少するという傾向が見られるようである。文部科学省も各種統計で，2006年度からそれまでの"発生件数"に代わり"認知件数"という用語を用いるようになったが，これもこの数値があくまで学校側が確認した数であり，事実としての発生件数ではないことを意識したものと考えられる。

いじめの様態と発見のきっかけ

　つぎにいじめの様態を少し詳しく見てみる（表3-4）。まず想像されるような暴力によるものはそれほど多くはない。最も多いものはいずれの学校種でも「冷やかし，からかい，悪口，脅しなど」によるもので，6割近くかそれ以上を占める。さらに，「仲間はずれ，集団による無視などをされる」「軽くぶつかる，遊ぶふりをして叩く，蹴るなどをされる」などがつづき，これらが大部分を占める。

　ところで，およそ10年前から新たないじめの様態として登場し，次第に注目されるようになったのが電子メールやインターネット上の掲示板，LINE®，Twitter®などに代表されるSNS（ソーシャルネットワーキングサービス）などを用いたいじめ（以下，ネット上のいじめ）である。これは，2007年7月に兵庫県神戸市で起こった男子高校生自殺事件が，携帯電話のメ

表3-4 いじめの様態（2014年度）

	小学校		中学校		高等学校		特別支援学校		計	
	件数	構成比(%)	件数	構成比(%)	件数	構成比(%)	件数	構成比(%)	件数	構成比(%)
冷やかしやからかい，悪口や脅し文句，嫌なことを言われる。	77,766	63.4	35,831	67.6	7,099	62.3	552	57.3	121,248	64.5
仲間はずれ，集団による無視をされる。	25,474	20.8	8,552	16.1	1,800	15.8	106	11.0	35,932	19.1
軽くぶつかられたり，遊ぶふりをして叩かれたり，蹴られたりする。	29,974	24.4	9,753	18.4	1,853	16.2	249	25.9	41,829	22.2
ひどくぶつかられたり，叩かれたり，蹴られたりする。	10,365	8.4	2,990	5.6	631	5.5	64	6.6	14,050	7.5
金品をたかられる。	2,515	2.0	862	1.6	455	4.0	31	3.2	3,863	2.1
金品を隠されたり，盗まれたり，壊されたり，捨てられたりする。	9,048	7.4	3,470	6.6	774	6.8	64	6.6	13,356	7.1
嫌なことや恥ずかしいこと，危険なことをされたり，させられたりする。	10,014	8.2	3,612	6.8	929	8.1	100	10.4	14,655	7.8
パソコンや携帯電話等で，誹謗中傷や嫌なことをされる。	1,607	1.3	4,134	7.8	2,078	18.2	79	8.2	7,898	4.2
その他	5,864	4.8	1,825	3.4	475	4.2	60	6.2	8,224	4.4

（文部科学省「児童生徒の問題行動等生徒指導上諸問題に関する調査 平成26年度」をもとに作成。なお，回答は複数回答で行われたためパーセントは認知（発生）件数に対するもの）

ールを用いた恐喝やインターネットの掲示板への書き込みによるいじめが原因であったことが報道されてから広く知られるようになった。インターネットに接続できるパソコンや携帯電話，スマートフォンなどを使用する児童・生徒は年々増加している。東京都教育庁の2012年の調査では，3年生以上の小学生の58.1％，中学生の67.8％がインターネットに接続したパソコンを利用しており，また，3年生以上の小学生の51.1％，中学生の72.6％が携帯電話を所持しているとされる(注14)。この利用率，所持率は今後も上昇し

てゆくと思われる。実際に，表3-4からもわかるように，現在では，中学校におけるいじめの様態のおよそ1割近く，高等学校では2割近くが，こうしたインターネット上のいじめとなっている。

インターネット上でほとんどの場合無料で開設できる非公式の学校の掲示板は，一般に学校の公式のホームページに対して「裏サイト」などとも呼ばれている。こうした裏サイトやそれに類する掲示板には誹謗，中傷，暴力の予告などが誰でも匿名で書き込めるため，被害に曝された児童・生徒に与える心理的なダメージは非常に大きい。

文部科学省は2008年に調査を行っているが，それによると学校非公式の掲示板，掲示板のスレッド数は38,260件，そのうち2,000を分析したところ，「キモイ」「うざい」等の誹謗・中傷の32語が含まれものが50％，「死ね」「消えろ」「殺す」等暴力を誘発する20語が含まれるものが27％などとなっており，これらがいじめの温床になっていることがわかった。

なお，こうした非公式掲示板等に対しては教育委員会，学校側やウェブサイトの運営会社等の監視が厳しくなり，現在では，次第にその数を減らしているようだ。しかし，その一方で，ソーシャル・ネットワーキング・サービスの普及に伴い，それらを用いたいじめなども増加しているといわれる。

誰もがいじめの被害者になり加害者になりうる

一般にいじめというと，特定のいじめっ子（加害者）といじめられやすい子ども（被害者）がいるというようなイメージがある。しかし，それは正しくない。たとえば，図3-7および図3-8は小学校4年生から中学3年生まで半年ごとに12回にわたっていじめに関する調査を継続的に行った結果(注15)をもとに作成したものである。このうち6回以上の調査の各時点でいじめの被害者になっている，もしくは加害者になっていると回答した児童・生徒はおよそ4割に達している。逆に，6年間一度もいじめ加害者，被害者になっていない児童・生徒はいずれの場合も13％しかいない。つまり，いじめが比較的多い小学校高学年と中学校を通してみる限り，8割以上の児童は少なくとも一度はいじめの被害者もしくは加害者になった経験があるのである。

また，同じ調査のうち中学1年生の11月と，そのおよそ半年前の6月の

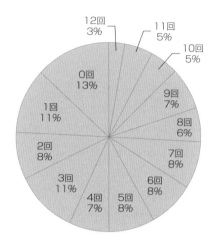

図3-7 小学校4年生から中3までの6年間の回数別いじめ被害経験
（国立教育政策研究所　2013「いじめ追跡調査2010-2012　いじめQ&A」のp.10のデータをもとに著者が作成）

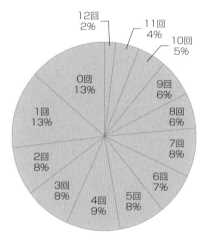

図3-8 小学校4年生から中3までの6年間の回数別いじめ加害経験
（国立教育政策研究所　2013「いじめ追跡調査2010-2012　いじめQ&A」のp.10のデータをもとに著者が作成）

調査データを取り出してまとめたのが表3-5である。11月の時点で週に1回以上いじめられていると回答した者は，73人（10.2％）ほどいる。ところがこの73人のうち半年前も同じようにいじめられていた者は，29人（39.7％）まで減る。一方，今回は月に2，3回と答えた者の33.3％，半年間で1，2

回と答えたものの12.6％，ぜんぜんなかったと答えた者の3.6％は，半年前の調査では週に1回以上と答えているのである。つまり，同じ者が半年以上にわたってずっと継続していじめ被害にあっている割合は必ずしも高いとはいえないのである。むしろ，半年前にはどちらかというといじめの被害とは無縁であった児童・生徒が突然集中的ないじめ被害にあったり，逆に，現在いじめられている児童・生徒が半年後にはいじめられなくなるなど，いじめの被害者もかなり頻繁に入れ替わっているといえる。同様の傾向は，いじめ加害者にも見られるとされる。

表3-5　いじめ被害者の状況と半年前比較（中学1年生）

いじめ被害経験	人数（A）	割合 （A÷合計）	このうち半年前に調査で「週に1回以上」と答えた人数（B）	割合 （B÷A）
週に1回以上	73	10.2％	29	39.7％
月に2，3回	57	8.0％	19	33.3％
この半年間で1，2回	167	23.4％	21	12.6％
ぜんぜんなかった	416	58.3％	15	3.6％
合　計	713	100.0％		

（国立教育政策研究所　2013「いじめ追跡調査2010－2012　いじめQ&A」のp.6のデータをもとに著者が作成）

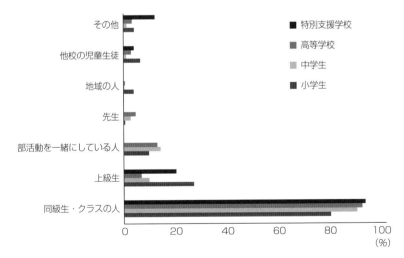

図3-9　いじめられた相手の割合

（「平成25年度　熊本県公立学校　心のアンケート ―楽しい学校生活を送るために―」の結果をもとに著者が作成）

また，いじめられる相手をみてみると，ほとんどが日常的に学校生活を共にしている同級生，同じクラスの生徒であることがわかる（図3-9）。実際に，2011年10月滋賀県大津市で発生した中学2年の男子生徒のいじめによる自殺の事例でも，加害者，被害者ははじめは仲の良いグループだった(注16)。

　このように，いじめは，決していわゆる特定の"いじめっ子"と"いじめられっ子"だけの問題ではなく，誰もが被害者になり，また，加害者になりうるものだといえるのである。

いじめと傍観者

　教室のなかで誰もがいじめとは無関係でいられないという点に関して，もう1つ述べておきたいことがある。それは，傍観者の存在である。これまでの調査結果などから，クラスにおけるいじめ被害の多さはいじめている児童・生徒の人数よりもむしろ傍観者の数に比例していることが指摘されている(注17)。つまり，いじめを見ている者が仲裁に入ったり，何らかの否定的な態度を示すことが，抑止力になっているのである。しかし，多くの児童・生徒はいじめに対して否定的な態度をとることで自分がつぎにいじめの被害者になることを恐れ，見て見ぬふり（傍観）をすることで自分を守ろうとする。そして，そういう態度が，加害者への抑止力を低め，加害者はいじめ行動をエスカレートさせる。第三者は，エスカレートしたひどいいじめを見て自分がいじめられることをより恐れ，さらに傍観者に徹するようになるという悪循環を生むのである。こうしたことから，現在では，"いじめの傍観者も加害者である"とう見方がよくされる。そうした意味でも，いじめが発生しているクラスでは誰もが加害者になりうるし，無関係ではいられないのである。

　しかし，いじめに対する傍観者は相変わらず多い。例えば，小学校6年生と中学校3年生約16,000名を対象とした調査(注18)によるといじめに対し第三者的な立場にあった者のうち，「何もしなかった」者が約50％，「やめるように注意した」者が約23パーセント，「先生に言った」者が12％となっている。つまり，いじめを見ても半分の児童・生徒は何もせずに傍観していることがわかる。

いじめ発見のきっかけと被害者の相談相手

いじめが学校側に発見されるきっかけであるが（表3-6），被害児童・生徒の担任が発見すること，被害児童・生徒本人，保護者からの訴えにより発覚するケースが一定数あるのは予想される範囲であるが，いくつか注目すべき点もある。例えば，スクールカウンセラーは不登校とならびいじめ問題の解

表3-6　いじめ発見のきっかけ（2014年度）

	小学校		中学校		高等学校		特別支援学校		計	
	件数	構成比(%)	件数	構成比(%)	件数	構成比(%)	件数	構成比(%)	件数	構成比(%)
学級担任が発見	15,351	12.5	6,248	11.8	930	8.2	197	20.5	22,726	12.1
学級担任以外の教職員が発見（養護教諭，スクールカウンセラー等の相談員を除く）	1,437	1.2	2,441	4.6	436	3.8	64	6.6	4,378	2.3
養護教諭が発見	348	0.3	357	0.7	70	0.6	4	0.4	779	0.4
スクールカウンセラー等の外部の相談員が発見	180	0.1	391	0.7	36	0.3	0	0.0	607	0.3
アンケート調査など学校の取組により発見	68,089	55.5	20,908	39.5	6,289	55.1	346	35.9	95,632	50.9
本人からの訴え	18,214	14.8	11,975	22.6	2,153	18.9	220	22.8	32,562	17.3
当該児童生徒（本人）の保護者からの訴え	13,188	10.7	6,982	13.2	814	7.1	79	8.2	21,063	11.2
児童生徒（本人を除く）からの情報	3,350	2.7	2,369	4.5	433	3.8	33	3.4	6,185	3.3
保護者（本人の保護者を除く）からの情報	2,212	1.8	1,054	2.0	167	1.5	12	1.2	3,445	1.8
地域の住民からの情報	101	0.1	78	0.1	5	0.0	0	0.0	184	0.1
学校以外の関係機関（相談機関等含む）からの情報	173	0.1	97	0.2	41	0.4	6	0.6	317	0.2
その他（匿名による情報など）	78	0.1	69	0.1	30	0.3	2	0.2	179	0.1

（文部科学省「児童生徒の問題行動等生徒指導上の諸問題に関する調査　平成26年度」のデータをもとに作成。
なお，回答は複数回答で行われたためパーセントは認知（発生）件数に対するもの）

決を大きな目的として導入されたが，実際のところスクールカウンセラーがいじめを発見している例はそれほど多いものではないのである。一方，「アンケート調査などの学校の取り組みで発見」というケースが意外にも多い。被害児童・生徒が担任にいじめ被害を直接知らせるとそれによりさらにひどいいじめに合うため，必ずしも，自分から話そうとしないことは以前よりいわれているが，そうしたケースのうち学校のアンケート調査によって発見されるケースも相当数あるものと思われる。また，インターネット上のいじめについては，技術革新が早く学校側の対策が追いつかないため，教師もなかなか気付きにくい面がある。インターネット上のいじめは今後ますます重要な位置を占めてくるはずであり，そうしたインターネット上のいじめの発見

表3-7 いじめられた児童・生徒が相談する相手（2014年度）

	小学校		中学校		高等学校		特別支援学校		計	
	件数	構成比(%)	件数	構成比(%)	件数	構成比(%)	件数	構成比(%)	件数	構成比(%)
学級担任に相談	91,471	74.5	39,178	74.0	7,000	61.4	715	74.2	138,364	73.6
学級担任以外の教職員に相談（養護教諭，スクールカウンセラー等の相談員を除く）	6,951	5.7	8,989	17.0	2,329	20.4	188	19.5	18,457	9.8
養護教諭に相談	3,470	2.8	3,369	6.4	989	8.7	24	2.5	7,852	4.2
スクールカウンセラー等の外部の相談員に相談	2,478	2.0	2,673	5.0	600	5.3	14	1.5	5,765	3.1
学校以外の関係機関に相談（電話相談やメール等も含む）	795	0.6	710	1.3	117	1.0	14	1.5	1,636	0.9
保護者や家族等に相談	34,478	28.1	14,310	27.0	2,178	19.1	177	18.4	51,143	27.2
友人に相談	9,628	7.8	5,763	10.9	1,597	14.0	46	4.8	17,034	9.1
その他（地域の人など）	1,174	1.0	311	0.6	70	0.6	13	1.3	1,568	0.8
誰にも相談していない	8,914	7.3	3,956	7.5	1,850	16.2	86	8.9	14,806	7.9

（文部科学省「児童生徒の問題行動等生徒指導上の諸問題に関する調査 平成26年度」をもとに作成）
（注1）複数回答可とする。 （注2）構成比は，各区分における認知件数に対する割合。

にもアンケートなどは重要になってくるのではないかと思われる。

　つぎに，実際にいじめられた児童・生徒が相談する相手であるが，やはり，一番多いのは学級担任である。これは，発見に際して何らかの形で学級担任が関わっていることが多かったことからも予測がつくことでもある。ここでもスクールカウンセラー等の専門家は必ずしも主要な相談相手にはなっていない。こうした点からも教師が自分の学級で発生しているいじめの実態をいち早くつかみ，適切な対応することが重要なことがわかる。

　なお，小学生，中学生の1割近く，また，高校生では15％を超える者が「誰にも相談しない」と回答していることにも注目すべきだろう。相談しない理由としては，担任の教師などに相談したことが加害者に知られることで，さらにいじめがひどくなることを避けたいということも多い。また，こうして誰にも相談できず，ひどいいじめを受け続けているケースこそが自殺などにもつながる恐れがあり，一番，深刻なケースともいえるのである。

いじめの背景

　1980年代ごろまでは，いじめは日本特有の現象とされ，その背景には「受験戦争のストレス」や「横並び指向」など日本的な特徴があると論じられてきた。しかし，その後，欧米の動向が紹介されるようになり，欧米諸国でもいじめは社会問題化して，さまざまな対応が検討されていることが知られるようになった。そうした研究のなかでいじめの基本的な要因として考えられるようになってきたのは，集団のなかで力関係のアンバランスがあり，そのなかで力をもつ者がそれを乱用することでいじめが生じる，ということだった。集団のなかで力関係にアンバランスが生ずることは一般的な現象ではあるが，だからといっていじめは不可避なものではない。むしろ，集団の成員の関係の背後で力の偏在が生じている部分に着目し，その偏在した力に働きかけることが重要とされた。力の偏在を操作することでいじめる側の優位性を弱め，力の乱用に歯止めがかけられるからである (注19)。

　このように1990年代ごろから国際的な研究の進展によって普遍的ないじめの理解が進むようになったが，その一方で，わが国の近年のいじめの深刻化の背景には，やはり，わが国特有の事情もあることが指摘されるようにな

った。

　わが国のいじめの背景に激しい受験戦争や学力競争に由来する児童・生徒のストレスがあることは，かなり以前から指摘されてきた。そうしたことは，いわゆる"ゆとり教育"の推進などにも一役買ってきたが，2000年代に入って学力低下が叫ばれるようになり，状況は再度変化した。今度は，脱"ゆとり"路線が明確に打ち出されたわけだが，ここでは，国際競争力強化のための学力向上といった視点も加わり，学力至上主義的な価値観はむしろ以前より強まっているともいわれる。また，学校でも競争原理が導入され，学力は学校の成果を測るうえでの指標とされ，教師は教育委員会や世論などの対外的な評価のために多くの時間を費やすようになっている。こうした状況は，教師が日常的な生徒指導に費やすエネルギーを削ることになった[注20]。また，一元化された学力至上主義的な価値観に加え，インターネット，ゲーム，携帯電話などの普及に伴いそれらに多くの時間が費やされている状況や，経済格差の進行に由来し家庭に生じているさまざまな困難などが，以前にまして児童・生徒のいら立ちやムカツキを生んで，それがいじめに見られる歪んだ攻撃性をもたらしているともいわれる[注21]。

いじめ防止対策推進法

　2011年に滋賀県大津市のいじめ自殺事件以降，深刻ないじめのケースが相次いで報告されたことを受けて，国も本格的な対策に乗り出した。その中心となったのが2013年に成立，施行されたいじめ防止対策推進法である。

　この法律ではいじめを「児童生徒に対して，当該児童生徒が在籍する学校に在籍している等当該児童生徒と一定の人的関係にある他の児童生徒が行う心理的又は物理的な影響を与える行為（インターネットを通じて行われるものを含む。）であって，当該行為の対象となった児童生徒が心身の苦痛を感じているもの」と定義しており，2006年以降文部科学省が採用している定義（91ページ参照）をほぼ踏襲している。そして，学校の設置者および学校が講ずべき基本的施策として，(1) 道徳教育等の充実，(2) いじめの早期発見のための措置，(3) 相談体制の整備，(4) インターネットを通じて行われるいじめに対する対策の推進を定めるとともに，国及び地方公共団体が講

ずべき基本的施策として，(5) いじめの防止等の対策に従事する人材の確保等，(6) いじめに関する調査研究の推進，啓発活動について，といったことが挙げられている。また，学校は，いじめの防止のために，教職員，心理，福祉等の専門家その他の関係者により構成される組織を置くこと，また，個別のいじめに対して(1) いじめの事実確認，(2) いじめを受けた児童・生徒その保護者に対する支援，(3) いじめを行った児童・生徒に対する指導又はその保護者に対する助言について定めるとともに，いじめが犯罪行為と認められるとき警察署との連携について定めることなども規定された。さらに，懲戒，出席停止制度の運用などについても具体的な措置を定めることなどが求められている。

その他，重大事態といえるいじめが発生した際は，それに関して学校，学校設置者（教育委員会など）は調査を行い，さらには，その結果を被害者やその保護者に報告すること，なども規定されている。

これまで，いじめ問題が深刻化するにたびに文部科学省は通達などで対応してきたが，このように法律の制定によって国がいじめを認めないという態度を明確に示したことは画期的なことである。しかし，この法律の規定は基本的には学校設置者や学校に努力義務を課したものである。その実施にあたっては，それぞれの自治体，学校レベルでの具体的な対応が必要になってくる。実際，この法律に基づく「地方いじめ防止基本方針」を作成した都道府県は46，「いじめ問題対策連絡協議会」の設置については22（いずれも2014年度）(注22) となっており，市町村レベルでの作成，設置も含めるとかなりの数に上る。これらによって法律の趣旨が生かされたいじめ対策がとられることが期待されている。

いじめにどう対応するか

①まずは，いじめに気付くこと

まず，一番大切なことは，教師はできるだけ早くいじめに気付くことだ。いじめられている児童・生徒から被害の訴えがあればよい。しかし，ふつう，児童・生徒はいじめの事実を教師に報告することを嫌がる。また，「いじめられていることを内緒にして欲しい」と言って訴えてくることもある。この

ようなときは，内緒にして欲しいという子どもの気持ちを尊重しながら解決するために必要なことをその児童・生徒と話し合ったうえで，どう対処すればよいか考えるべきであろう。ただ，実際には，いじめの被害の報告が当該児童・生徒からあることはそう多くはない。そのために前述のように児童・生徒にアンケートなどを実施し，そこから情報を得るということもあるだろう。とはいえ，そうした取り組み以前に必要なのは，児童・生徒がふだんの学校生活のなかでみせる**いじめのサインをできるだけ見逃さないようにする**ことである。いじめのサインであるが，一番，わかりやすいのが行動面での変化である。このごろ急に性格が変わった，雰囲気が急に暗くなったというようなものははっきりしている。それから，いじめから不登校になるというケースが時々あることからもわかるように，理由があまりはっきりしない欠席が増えたというようなこともいじめの被害のサインになる。理由のよくわからない欠席といっても，まったく理由がないわけではない。不登校がふつう頭痛，腹痛などの身体症状を訴えることからはじまるように，たいていの場合，何らかの身体的症状を訴え休むことが多い。しかし，例えば，毎日のように下痢をして休むという場合でも，何かはっきりした疾患があるわけではなくむしろ心理的な原因から症状があらわれている状態，つまり，**心身症**の状態である可能性もある。また，今日は頭痛，翌日は腹痛，次は胃痛というように身体症状があるかどうかはっきりせず，訴えばかりが目立つような場合もある。こうした，様子を注意深く見逃さないことである。また，日ごろから児童・生徒が気軽に話をできるような雰囲気をつくっておくことも大切だ。

②いじめが発生してしまった場合の対応

次に，いじめが発生してしまってからの対応について考えてみよう。まず，犯罪とみなさるような重大事態が発生してしまった場合についてだが，このようなときは，上記のいじめ防止対策推進法にもその設置が規定されている校内のいじめ防止の組織が中心となり，学校設置者（教育委員会等）と連絡を取り合いながら，警察の協力を求めることになる。次に，いじめと疑われる行為が発見された場合であるが，はじめは，校内のいじめ防止の組織がいじめとして取り扱うべき事案かどうか判断することになる。そして，いじめ

と判断された場合は，被害者のケア，加害者への指導を含め，いじめ防止の組織が責任をもって一貫して対応することになる。

また，そうした組織としての対応に加え，いじめが発生してしまった場合，教師は立場のいかんにかかわらず，加害者に対しては**弱い者をいじめることは絶対に許されないものである**，という強い態度で望むことはいうまでもない。それと同時にいじめの被害者に対しては「あなたが悪いのではない」とはっきり伝え，教師全員が一丸になって守り通すことも必要である。

③**出席停止について**

いじめが発生してしまった場合の対応策の1つとして，しばしば，取り上げられ，また，議論になるのが，いじめ加害者の出席停止である。これは，2001年に改正された学校教育法第35条にある「他の児童に傷害，心身の苦痛又は財産上の損失を与える行為」を繰り返し行う場合に出席停止を認めるという条文が根拠となっている。これを受けて文部科学省は「出席停止制度の運用の在り方について（通知）」(注23)のなかで「いじめについては，その態様は様々であるが，傷害には至らなくとも一定の限度を超えて心身の苦痛を与える行為に関しては，出席停止の対象とすることがあり得るところであり，いじめられている児童生徒を守るため，適切な対応をとる必要がある。」と述べて，いじめ加害者への適用を認める方向をとった。この方向性はいじめ防止対策推進法の制定を受けて出された「いじめの防止等のための基本的な方針」(注24)のなかでも受け継がれた。

いじめ加害者への出席停止は，教育委員会等がその保護者に対して命ずることになっているが，実際は，いじめが発生している学校のいじめ防止の組織や学校長の意見が尊重されることが多い。2014年では小学校では0件，中学校では25件の出席停止の事例があった。このうち，中学校25件の出席停止になった理由の内訳は，対教師暴力が11件，生徒間暴力が4件，授業妨害，が14件，いじめが1件などとなっている(注22)。いじめによるものは必ずしも多いとはいえないが，生徒間暴力とされるケースにも実質的にはいじめとみられるものも含まれているのではないかと思われる。出席停止を行うことは，教育委員会等の学校設置者がいじめを許さない毅然とした態度を示したものとして評価できるが，一方で，加害者の教育を受ける権利を侵害す

るおそれがあることも指摘されており，運用には難しい面があることも事実である。

④いじめに対する心理的な対応

ここまでは，いじめが発生した場合に対応について述べてきたが，これらはどちらかというと初期対応とでもいうべきものである。現実には初期対応だけではいじめは完全に解消しないことも少なくない。また，一時的に解決したように見えても，ほどなく，姿を変えていじめが再発することもある。

「いじめの背景」の箇所で述べたように，いじめは家庭や社会のさまざまな問題点が児童・生徒の精神的ひずみとなってあらわれているという側面もあり，そうした側面に対し何らかの対応がなされないかぎり，いじめ問題はなかなか解決しないのである。だから，初期対応でいじめ行為そのものがある程度沈静化したら，次は，いじめの加害者・被害者双方の心理的な問題に対応する必要がある。

この場合，やはり前述のいじめ防止の組織が中心となり，教師が役割分担をする必要がある。そこでは，いじめ行為に対し強い注意，指導を行う教師とは別に，加害者，被害者それぞれの内面を受け止める役割を担う者が必要だろう。例えば，担任の教師がクラスを静め秩序を維持する役割を受け持ったら，被害者を守り受け止めるのはスクールカウンセラーや養護教諭，加害者とゆっくり話をするのは教頭にするという具合に分担を決めるのもよい。つまり，いじめの問題には学校全体が連絡を密にし，協力して取り組んでゆかなければならないのである。

このなかでやはり難しいのは加害者への対応であろう。いうまでもないことだが，頭ごなしに叱り，懲戒を加えることを示唆するだけでは問題は解決しない。まずは，加害者本人の言い分を十分に聞き取ることが第一であろう。そして，その児童・生徒の気持ちを十分に理解したうえで，理由はどうあれいじめ行為自体は絶対に許されるものではないことを伝え，いじめ行為をしてしまったことに対してこれからどのようにして向き合ってゆけばよいか，一緒に考えるように促してゆくのがよいだろう。ただ，加害者の児童・生徒のなかには，いじめ行為自体をなかなか認めない場合もある。このような場合は，客観的な状況を積み重ね言い分との食い違いを指摘しながら問いかけ

てゆく。そして，加害者がいじめの事実を認めたときはそれに敬意を払う必要がある。また，加害者のなかには，いつも自分が悪者にされる，という気持ちから教師との対話に対して拒否的な態度をとり続ける児童・生徒もいるかもしれない。このようなケースでは教師側にも怒り，あきらめなどの気持ちが生じがちである。しかし，そのようなとき教師は，そうした怒り，あきらめなどの気持ちこそ加害者がふだんからもっている気持ちと同じものだということに気付くべきであろう。そうやって少しでも加害者と何らかの気持ちを共有することが，加害者が自分のしてしまった行為について考えるきっかけにつながるからである。

なお，加害者・被害者のどちらについてもいえるのだが，精神的な問題がかなり深刻で現場の教師には手にあまると思われたときは，スクールカウンセラーや教育相談所など学外の専門家の手を借りるのもよいであろう。また，いじめの被害者が症状の重い不登校になってしまった場合，あるいは，うつ状態，心身症などの症状がはっきりあらわれてしまった場合などは，やはり，保護者と連携しながら専門医の受診を勧めるべきであろう。

⑤いじめを継続させないための弾力的な措置

校内のいじめ防止の組織などが中心となりいじめが解決に向かうことは望ましいことだが，被害者におよぶ悪影響を最小限にするため特別な措置が必要なこともある。この例として，文部科学省は，①いじめ被害者，加害者を含めクラスの席替えを行うこと，さらに学級替えを行うこと，②精神的，身体的なダメージからの回復期間として，いじめ被害者の学習に支障が出ないような措置を講じたうえで緊急避難的な欠席を認めること，③保護者の希望により，校長などの関係者の意見も十分に踏まえて，就学すべき学校の指定の変更や区域外就学を認める措置について配慮すること，などを挙げている(注25)。

こうした措置は，必ずしも，頻繁に行われるものでもないが，いじめの被害を少しでも減らすための措置としてはあってもよいのではないかと思われる。

⑥「24時間いじめ相談ダイヤル」について

2005年に相次いで起こったいじめによる児童・生徒の自殺事件を受けて，24時間いつでも子どもの悩みや不安を受け止めることのできる相談窓口の

必要性が指摘されるようになった。

「24時間いじめ相談ダイヤル」はこうした流れを受けて2007年2月より設置された。24時間，全国どこでも同じ電話番号（0570-0-78310（なやみ言おう））でかけることができる。電話は発信場所に近い都道府県，指定都市の教育センターなど教育相談関係の機関に接続されるようになっている（なお，一部の自治体では教員経験者や心理学関係の有資格者などのいる民間業者に委託され，そこに接続されるようになっている）。この電話相談に寄せられた相談内容が教育委員会経由で学校に連絡されたことで，学校が体制を整えいじめの解決につながったケースもあるという。また，「24時間いじめ相談ダイヤル」の周知を目的とし，全国の小中学校，特別支援学校等に対し相談ダイヤルの電話番号等を記載したカードも配布されている。

前述のように核家族化が進行し，また，地域の人間関係も希薄になった現在，子どもが心おきなく相談できる相手はだんだん少なくなっている。そうしたなかで，このような試みがなされたことは評価できる。ただ，こうしたことは長く地道に続けてこそ意味があるものである。一時の話題づくりとして終わることのないようにしたいものである。

4. その他の不適応，問題行動

暴力行為

2014年，小中高等学校で発生した暴力事件の件数は54,242件（うち，小学校が11,468件，中学校が35,683件，高等学校が7,091件）で依然として高い水準にある。

暴力行為が，注目されるようになったのは1980年ごろからである。当時の暴力行為は，暴力傾向の強いいわゆる"つっぱりグループ"の数人の生徒がおこすものとされた。また，暴力傾向の強い生徒は一般に学業成績のすぐれないものが多く，学業面での不適応から欲求不満を招きそれを発散するために暴力に訴えるというのが，暴力行為発生のメカニズムと考えられていた。この頃は高校進学率が90％を超え数年が経った時代で，高校進学が半ば義務化するなかで勉強や成績に関して生徒への圧力が強まっていた時代で

もあり，こうしたことが背景にあったと思われる。

その後，暴力行為はいったん鎮静化するが1990年代後半から再び増加に転じ，2000年ごろピークを迎えた。

このときは，1998年1月，栃木県黒磯市で中学生が教師をナイフで刺殺した事件が発生したことを受けて，ナイフをもち歩く中高生の存在がマスコミなどでも連日報道された。同じ年の3月には文部大臣（当時）が緊急アピールを行い，命の重さ・大切さや，ナイフを持ち歩かないよう児童・生徒に訴えるとともに，大人たちには子どもの声を聞き，子どもをみんなで育てていこうという強い意識をもつことの必要性を呼び掛けた。この教師殺傷事件のケースもそうだが，このころになると暴力行為をおこす生徒は，それまでの"つっぱりグループ"の生徒ではなく，普段はとくに目立たない学業成績も必ずしも悪くないふつうの生徒であることが多くなっていた。彼らは，教師からちょっと注意されたといったような些細なことがきっかけになり，突然，怒り出し暴力を振るうといったことが特徴とされた。暴力を振るった生徒になぜそのような振る舞いをしたかを尋ねると「むかついたから」ということが多く，マスコミではこのような「むかついたから」突然暴力を振るっ

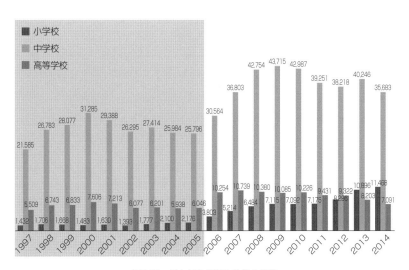

図3-10　暴力行為の発生件数の推移

（注）2006年度からは国私立学校，中等教育学校などを含めたため，それ以前とは調査方法が異なっている。

表3-8　暴力行為の様態別発生件数（2014年度）

	小学校		中学校		高等学校		合　計	
	発生件数	1000人当たりの発生件数	発生件数	1000人当たりの発生件数	発生件数	1000人当たりの発生件数	発生件数	1000人当たりの発生件数
対教師暴力	2,131	0.3	6,010	1.7	591	0.2	8,732	0.6
生徒間暴力	6,372	1.1	18,566	5.8	4,369	1.4	29,307	2.4
対人暴力 (教師・生徒を除く)	105	0.0	229	0.3	78	0.1	412	0.1
器物破損	1,997	0.3	8,181	2.3	1,354	0.4	11,532	0.8

（文部科学省「児童生徒の問題行動等生徒指導上の諸問題に関する調査　平成26年度」をもとに作成）
注）全件数は様態間で重複，未分類などがあるため合計ではない。

たという現象をとらえ，"キレる"という言葉で表現した。

　暴力行為は，その後，スクールカウンセラーの導入をはじめとしたさまざまな対応策が功を奏し，再び，鎮静化に向った。しかし，2000年代半ばから増加に転じ，2009年ごろ三度目のピークを迎え，多少の増減はあるものの高い件数で推移している。なお，最近の傾向として，小学生の暴力行為の占める割合が高まっている。

　近年の増加について，文部科学省は，①児童・生徒の成育，生活環境の変化，児童・生徒が経験するストレスの増大や，②感情を抑えられず，考えや気持ちを言葉でうまく伝えたり人の話を聞いたりする能力が低下している児童・生徒が増加していること，③同じ児童・生徒が暴力行為を繰り返す傾向などを指摘している。そして，その背景には，「規範意識や倫理観の低下，人間関係の希薄化，家庭の養育に関わる問題，あるいは映像等の暴力場面に接する機会の増加やインターネット・携帯電話の急速な普及に伴う問題，若年層の男女間における暴力の問題など，児童生徒を取り巻く家庭，学校，社会環境の変化に伴う多様な問題がある」(注26)とも述べている。

　表3-8は暴力行為の様態を示している。1996年度以前は，文部科学省は暴力行為を校内暴力と呼び，対教師暴力，生徒間暴力，器物損壊の3様態に分類していたが，1997年度よりこれに対人暴力（対教師・生徒間を除く）を加え，暴力行為として調査を行っている。表からもわかるように生徒間暴力が一番多い。このうち，生徒間暴力のなかにはいじめのケースもかなり含まれていると思われる。

前述のように，近年の暴力行為は，一見，普通の児童・生徒が突然おこすことが多いとされ，どの生徒がいつ暴力におよぶか教師もまったく予想がつかなくなっている。しかし，その児童・生徒が暴力をおこすまでの出来事を丹念に振り返ってみると，その前に心身の不調を訴えたり，ささいなことに過剰な言動をするなど，何らかの前兆を示していることもある。だから，教師は普段から児童・生徒の変化に注意を払っておく必要がある。

　なお，校内暴力が発生したとき何より大切なことは，全教師が一丸となって"暴力は絶対に許されるものではない"という強い態度で臨むことである。隣の教室で暴力が発生していることを知っていても，静観して授業を続けてはならない。できるだけ早く現場に駆けつけ，他の教師と協力し沈静化をはかるべきである。傍観者的な態度が校内の"荒れ"をつくってしまうのである。一方，そのような強い態度と合わせ，教育相談活動などによって心理的な問題の解決を図ってゆくことも必要であろう。

家庭内暴力

　今度は，家庭内暴力についても，述べておこう。同じ暴力的な行為でも，学校などが中心の暴力行為と家庭内暴力では若干様相は異なる。一般に，暴力行為をおこす児童・生徒が家庭内暴力をおこしているとは限らないようである。家庭内暴力はむしろ家庭環境，生育歴などの要因が直接関わっていることが多い。また，先ほど述べたように不登校の経過の中で生ずることや，学校でいじめの被害者となっている児童・生徒が家庭では暴力を振るっていることもある。

　現場の教師が家庭内暴力の事実を知ることは，必ずしも，多くないかもしれない。しかし，家庭訪問，保護者面談等で家庭内暴力の事実を告げられた場合は，教育相談所，スクールカウンセラーなどを紹介することもよい。また，当然のことながら，教師は，保護者，暴力を振るった本人の双方にカウンセリング・マインドをもって受容的に接する必要があろう。

非行，少年犯罪

　文部省によれば，**非行**とは「社会が迷惑を感じ，非とする行為」で，つま

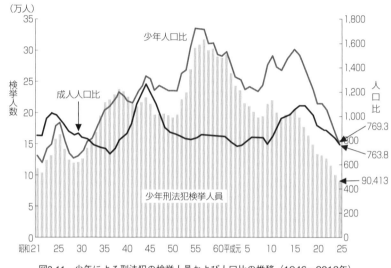

図3-11 少年による刑法犯の検挙人員および人口比の推移（1946～2013年）
（平成26年度版　犯罪白書による）

り，「反社会的行動」のことだという。また，文部省は「少年法その他の法令に従って，当局が法的な措置の対象とする行為が非行である」ともいっている(注27)。この法的な対象となる行為としては，①**犯罪行為**（14歳以上20歳未満の少年が刑法などの刑罰の対象となる法律を犯す行為），②**触法行為**（14歳未満の少年が前述と同様，法律を犯す行為），③**ぐ犯行為**（保護者の監督に服しない，犯罪性のある人と交際するなど将来罪を犯し刑罰の対象となる法律を犯す恐れの強い行為）に分けられる。一般に**少年犯罪**といわれるものは，これらのうち，①犯罪行為，②触法行為をまとめてさすことが多い。なお，法的には男子も女子も20歳未満は少年という。

　①犯罪行為，②触法行為を合計した少年の刑法犯の人数および人口比を年度別に示したのが図3-11である。ここからもわかるように法律を犯して検挙された少年の数は1951（昭和26）年，1964（昭和39）年，1983（昭和58）年，1998（平成10）年ごろにピークがあった。その後，2003（平成15）年ごろやや増加したものの，現在に至るまでおおむね減少傾向にある。

　一方，少年の人口比（10歳以上20歳未満の少年人口10万人当たりの検挙人員）では1981（昭和56）年に過去最高を記録したのち低下したが，2003

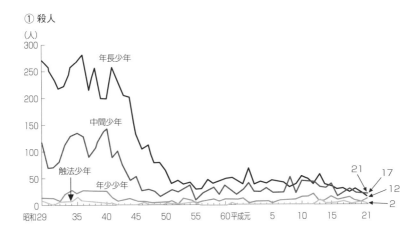

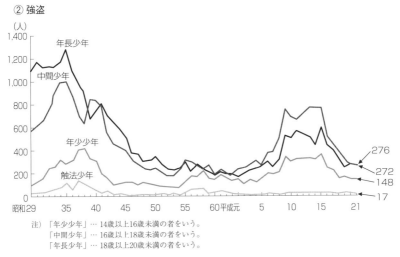

注）「年少少年」… 14歳以上16歳未満の者をいう。
　　「中間少年」… 16歳以上18歳未満の者をいう。
　　「年長少年」… 18歳以上20歳未満の者をいう。

図3-12　少年による殺人（上段），強盗（下段）の検挙数の推移
（平成26年度版　犯罪白書による）

（平成15）年に15,529人を記録するなど再びピークといえる状況を見せた。しかし，こちらもそれ以降は低下傾向にある。

　男女比は，交通関係の犯罪，業務上過失などを除いた一般刑法犯でみた場合，およそ8割が男子である。内訳をみると窃盗犯がおよそ6割を占め，暴行，傷害などの粗暴犯がそれに次いでおよそ12％程度となっている。強盗，

殺人，放火，強姦などの凶悪犯はおよそ2013年度の統計で1.4％程度で，成人の割合（1.9％）よりやや低い。凶悪犯のなかでは強盗による検挙が最も多く7割程度となっている(注28)。

ところで，少年による事件が発生するたびに，少年犯罪の凶悪化がすすんでいることや，それを根拠に厳罰化を求める声がメディアを通して報道される。しかし，図3-12からもわかるように，少なくとも殺人については，過去数十年を通して減少傾向にあることがわかる。また，強盗については2000年代前半にピークが見られるが，それでも1960年代以前の件数にはおよばないことがわかる。

さて，このように，近年，少年犯罪は統計的にみる限り，必ずしも深刻な状況にないことがわかる。では，こうした，現状をどのように理解すればよいのだろうか。実は，近年のこうした状況を受けて，少年犯罪に関する考察も以前ほど頻繁に行われる機会もなくなりつつあり，必ずしも，現状を分析する十分な資料があるわけでもない。

やや古くなるが，2005（平成17）年度の「犯罪白書」(注29)では少年非行を特集している。そのなかで，少年院の教育部門の教官500人あまりに行った調査結果が分析されているが，それによれば，最近の非行少年は「対人関係を円滑に結ぶスキルが身に付いていない（57.5％）」「家族との情緒的交流

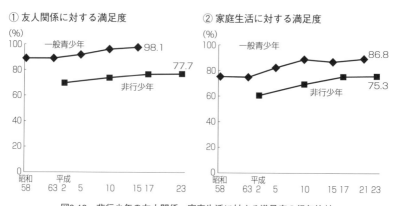

図3-13　非行少年の友人関係，家庭生活に対する満足度の経年比較
（平成23年度版　犯罪白書より）
なお，一般青少年のデータは内閣府「第7回世界青年意識調査報告書」による。

がない (64.3%)」といった特徴をもつとされ (かっこ内はそれぞれの質問に対して該当するとした教官の割合)，学校，家庭のどちらにおいても未熟で希薄な人間関係が背後にあることがわかる。さらに，「人に対する思いやりや人の痛みに対する理解力・想像力に欠ける (63.2%)」「自分の感情をうまくコントロールできない (55.1%)」「忍耐心がなく我慢できない (55.1%)」「その場の好き嫌いなど，感覚・感情で物事を判断する (60.6%)」といった特徴も併せもつという。一方，2011 (平成23) 年度の犯罪白書 (注30) でも「少年・若年犯罪者の実態と再犯防止」と題した特集が組まれ，少年院出院者の意識調査が報告されている。そのなかでも，やはり，少年院出院者は，一般青年に比べ「友人関係の満足度」「家庭生活に対する満足度」が10ポイント余り低いなどが報告され (図3-13)，未熟で希薄な人間関係しかもてない傾向が引き続き続いていることがわかる。

　こうした結果をみる限り，非行少年の人間関係が希薄かつ未熟なためストレス状態に陥りやすく，また，ストレスに曝されたとき自分がコントロールできなくなり突発的に犯行におよぶという傾向がうかがえる。

　しかし，前述の少年院出院者の調査では「友人関係の満足度」「家庭生活に対する満足度」は，少しずつではあるが，上昇傾向にある。また，自己概念に関する項目 (図3-14) では「悪く思われている」「心の温まる思いが少ない」といった回答が過去20年あまり低下を続けていることがわかる。同

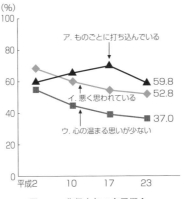

図3-14　非行少年の自己概念
(平成23年度版　犯罪白書より)

じ，自己概念について見ると「ものごとに打ち込んでいる」という回答が，2005（平成17）年に比べ2011（平成23）年において低下している点が気になるが，こうした結果をみる限り，少年非行に関わる心理的な側面はわずかではあるが改善されているようである。近年の少年犯罪の減少傾向もこうした傾向と無関係ではないように思われる。しかし，第6章でも述べるように，近年，児童や生徒を取り巻く社会，経済状況はむしろ悪化の一途をたどっており，こうした状況がやがて少年犯罪数の反転，増加となって作用する可能性も否定できないのではないかと思う。

　最後に現場の教師としていかに対応するか，一言述べておきたい。校内暴力同様，法律を犯すような行為は絶対に許されるべきではないという強い姿勢をもち全教師が一丸となって対応すべきことはいうまでもないが，取り締まり一辺倒になってしまってはならないということである。取り締まるだけでは非行傾向のある生徒を学校から遠ざけるだけである。彼らは校外でさらに凶悪な犯罪に手を染めてゆく。本書ではあまり触れることができなかったが，非行や少年犯罪の背景にはさまざまな心理的要因が絡んでいる。こうした心理的要因を理解しそれにふさわしい対応をするところに，学校の教育相談活動があるのである。

薬物乱用

　ここでいう薬物は大きく分けると4つに分けられる。まずは，シンナー，トルエンなどといった有機溶剤で，この乱用は毒物及び劇物取締法違反となる。つぎに，覚醒剤は，アンフェタミン，メタアンフェタミンなどを主成分とする者で，これらの使用は覚醒剤取締法違反である。そして，ヘロイン，コカインなどの麻薬及び向精神薬取締法で規制されているいわゆる麻薬がある。その他，大麻，いわゆるマリファナは大麻取締法の規制の対象となっている。これらを摂取するとはじめは爽快感，高揚感，疲労感の除去といった作用がもたらされるが，常用すると**依存性**がもたらされる。通常，人の体は活動と疲労，そして，休息というサイクルを繰り返し健康を保つようにできているが，これらの薬物はそうした体のリズムを無理に壊すために，常用しているうちにいつのまにか心身ともにボロボロになってしまう。また，有機

溶剤を長期にわたって常用していると脳の神経細胞が萎縮する。

　さて，警察庁の統計によると，2014年度における少年の毒物及び劇物取締法に関わるシンナーなどの摂取による検挙事例数が14件，覚醒剤取締法違反は92件，麻薬及び向精神薬取締法違反は6件，そして，大麻取締法違反は80件となっている。これらは，いずれも減少傾向にあり，10年前と比較してシンナーなどの摂取による事例はおよそ100分の1，覚醒剤取締法違反はおよそ4分の1，麻薬及び向精神薬取締法違反は10分の1，大麻取締法違反は2008年ごろ増加が見られたものの現在ではおよそ2分の1となっている(注31)。

　このように旧来の法律上の枠組みから規制される薬物乱用の事件は減少しているが，薬物乱用が根絶に向かっているともいえない現状もある。近年では，危険ドラッグのような従来の法律の網からはずれる薬物が広まりつつあるからである。

　危険ドラッグ（当初は脱法ハーブ，脱法ドラッグなどとよばれたが2014年7月に現在の呼称に統一することになった）は，ハーブ，お香などとして販売されているが，実際は大麻，覚せい剤などとよく似た成分を含んでいる。これらを摂取することで似た作用が得られることなどから，一部の青年の間で広まったが，その副作用として意識障がいやおう吐，けいれん，錯乱などを起こし，救急搬送されたり，中には死亡したりするケースや，意識障がいのまま自動車を運転し重大事故を起こすケースなどが多発した。2014年に危険ドラッグに関連して検挙されたものは840人にのぼったがその中には少年27人も含まれていた(注31)。政府もこの事態を重くみて，関連法規を改正し規制を強化したり，文部科学省も2014年7月に「薬物乱用防止教育のさらなる充実について」と題した通知を行い，その対策に乗り出していた。これらの対策はある程度効果を見せているものの，まだ，根絶には至っていない。

　一方，2000年代初頭に問題になった合成麻薬MDMA（メチレンジオキシメタンフェタミン）の乱用は最近はあまり話題にならないが，錠剤の形をとっているため摂取が容易なことなどから，今後も再び広まる可能性もある。また，大麻についても，近年では検挙数も減っているが，一部の先進国で規制が比較的緩いことなどもあり，違法な入手によって広まる可能性も否定で

きない。

　現在，学校においてこうした薬物乱用の事件がおこる可能性は比較的低いかもしれないが，皆無ともいえないだろう。もし，児童・生徒がこうした薬物の乱用に関わっていることが明らかになった場合，教師は，児童相談所，警察などしかるべき機関との連携が必要になることを，まず，第一に知っておくべきだろう。また，薬物の売買には暴力団等の反社会的勢力が関わっていることも多いとされ，とくに女子の場合は，そこから売春等の性の逸脱行為にもつながってくるおそれがあり，そうした点での注意も必要だろう。もちろん，こうした事件が起こった際も教師は当該児童・生徒の気持ちを十分に理解しながら接しなくてはならないことはいうまでもないが，薬物乱用については事情のいかんにかかわらず"絶対やってはいけないもの"として断固とした態度で臨むべきことを忘れてはならない。

5. おわりに

　紙幅の都合で取り上げられなかったが児童・生徒の不適応，問題行動としては他にもさまざまなものがある。以前から繰り返し取り上げられていたものだけでも**自殺**，**家出**，**飲酒**，**喫煙**，**怠学**など数え上げればかなりに上る。

　一方で，近年，児童・生徒の不適応，問題行動について語るとき必ず取り上げられるような話題についても，本章で十分取り上げられなかったものもある。

　おそらく，そのなかで一番大きいのは発達障がいとの関係だろう。

　ここ数年，特別支援教育に対する関心の高まりから，不登校，いじめ，暴力行為などといった問題行動，不適応の背景に何らかの発達障がい（神経発達症/神経発達障がい群；第2章参照）があるのではないかという指摘が増えている。こうした指摘は，研究の進展とともにこれまで気づかれなかった側面が明らかになったことによるもので，不適応，問題行動に対し新たなアプローチを切り開く可能性をもっており，今後も目が離せない領域でもある。しかし，その一方で，今度は，本章で紹介したような問題行動の多くを発達障がいに由来するものとして説明しようとするあまり，他の要因を見過

ごしてしまっており，有効な対策がとられないままになっているようなケースもあると聞く。

　例えば，これも近年いわれるようになったことで第2章でも少しだけ触れたが，被虐待経験のある児童・生徒のなかには発達障がいの児童・生徒が示す不適応や問題行動と似たような症状を示すケースも多いといわれる。しかし，発達障がい一辺倒になりがちな近年の状況のなかでは，こうした側面が見落とされる可能性もこれまた危惧されるのである。

　このように児童・生徒の不適応といっても，古くから取り上げられてきたものもあれば，近年，着目されるようになってきたものもあり，実に多様なことがわかる。そして，社会情勢の変化や不適応，問題行動に関する研究の進歩に伴い，今後も，さらに多様性を増してゆくのではないかと思われる。

　一見社会とは距離をおいているかのように見える学校という枠組みのなかにあると，こうした変化から知らず知らずのうちに取り残されがちになるものである。しかし，児童・生徒の問題行動を理解するためには，日ごろから，さまざまな研修等を通じて今，学校で起こっていること，今，社会で起こっていることに対して，絶えず注意を払ってゆく必要があるのである。

第4章　心理検査とその利用

1. はじめに

　心理検査は，教育相談や学校精神保健に関する専門的な技法のなかでも最もよく知られたものであろう。

　近年，多くの学校では教育相談の普及に力を入れている。そのような学校では悩みや問題を抱える児童・生徒の相談を受け付けるだけでなく，児童・生徒全員に教育相談活動に対し関心をもってもらおうと，努力を重ねているところも多い。そうしたとき，しばしば試みられるのが性格検査などの心理検査を児童・生徒に実施することである。その是非については教師の間でも議論が分かれるところであろうが，いずれにしろそのような形でも，心理検査は教育相談活動に対する導入役を果たしている。そこで，この章では，以上のような実情を踏まえ，心理検査に関する基本的な事柄を紹介してみたい。

2. 測定・診断・アセスメント

　検査を使って性格や知能などといった心理的な概念を知ることを**測定**（measurement）するという。測定というと温度を測るとか，気圧を測るというようなことをイメージしてしまう人もいるが，実は心理学は19世紀に成立した当初から物理や化学といった理科系の学問と同じ自然科学を志向していたので，そうした分野と同じ測定という言葉を使うのである。もっとも，精神医学や精神保健では測定といわず**診断**（diagnosis）という言葉を使うこ

ともある。例えば，第2章で扱ったような精神・行動の障がいを分類するときなどはこの語が使われることも多い。これは，医師が患者の病名を診断するのも精神や行動の障がいを見定めるのも同じことだという発想からである。だだ，最近では教育相談などとくに心理学と関連の深い分野では測定や診断といった言葉を使わず，**アセスメント**（assessment）ということも多い。

3. 正しいアセスメントの条件

心理検査を用いて性格や知能などを測定することは一見お手軽な方法のようにみえるが，実は，必ずしもそうではない。心理検査が科学的なアセスメントの方法として十分なものと認められるためには，**信頼性**（reliability）と**妥当性**（validity）という2つの条件が満たされていなくてはならないからである。

信頼性とは，その検査を同じ人に受けてもらう場合，いつ何度繰り返しても同じ結果が得られるかどうかということである。例えば，ある検査をAという人に受けてもらうとする。1日目は80点であった。ところが，同じ検査を翌日受けてもらったら60点，さらに，また，次の日に行ったら90点であったとする。この場合，困ってしまうのはいったいこのAという人の点数が本当は何点なのかということだ。おそらく，この人にとっての本当の得点は60点から90点あたりの間のどこかにあるのであろう。そこに，検査をやるたびごとに誤差が入りこんでしまい，毎回少しずつ点数が違って出てきてしまっているのである。しかし，それではあまりに大雑把で無責任なアセスメントだとしかいいようがない。このようなばらばらの結果が出てしまう検査を信頼性がないという。Aという同じ人ならば，特に体調が悪いということでもない限り，いつ実施しても同じ点数が出てくるべきであるし，そのような誤差の少ない検査を信頼性がある検査という。

次に妥当性について考えてみる。よく雑誌などに「恋愛のスタイルからみたあなたの性格」といったような性格検査が掲載されている。ところが，このような性格検査をみているとどこかおかしいと思うことがある。例えば，「レストランに入りました。あなたは赤ワインと白ワインのどちらを注文し

ますか」というような質問がある。このとき，白ワインと答えた人は「相手の気持ちを察する能力が高い性格的特徴」を持ち，赤ワインと答えた人は「恋人に情熱的に迫る性格の持ち主である」と書かれていたりする。しかし，よく考えてみると，これはワインの好みを聞いているだけである。このワインの好みがそのような性格を反映するという十分な根拠がどこにあるのであろうか。そうした十分な根拠が保証されない限り，この検査は「恋愛のスタイルからみたあなたの性格」を調べているとはいえない。このように知りたいものを確実にアセスメントできているという保証がない検査を，妥当性がない検査という。恋愛のパターンを調べたいならば，確実に恋愛のパターンについて知ることができる質問をしなくてはならない。それができてこそ妥当性がある検査になるのである。

　ふつう教育相談で用いられている心理検査はこの妥当性と信頼性という2つの条件が満たされているかどうか，研究を重ねたうえで発行されている。だから，一般向けの雑誌記事などとは違うのである。

　ただ，学校などではときどき目的にかなった心理検査が既存のもののなかに見つからなかったとき，教師が独自に心理検査を作成することがある。このようなときもその検査が，信頼性，妥当性を十分備えたものかどうかは一応チェックすべきである。もし教師がつくった自家製の心理検査が目的どおりの事柄を正しくアセスメントしていなかった場合，その結果をそのまま児童・生徒の指導に利用することはとても危険なことだからである。信頼性，妥当性のチェックをいかにするかであるが，これはかなり専門的で本書の範囲を越えるのでここでは扱わない。興味がある読者は参考文献に挙げた図書を参照されたい。とにかく，心理学等を専門的に修めた教師以外が心理検査を自作する場合は，事前に，スクールカウンセラーなどの専門家に十分相談することである。

4. 心理検査と面接

　実は，性格や知能といった心理的な特性をアセスメントする方法は，心理検査だけではない。十分に訓練されたカウンセラーや臨床家が面接をする

ことは，心理検査を用いる以上にさまざまな観点から対象者の心理を探ることができる。また，あらかじめ，質問項目を厳選し，面接の手順，採点方法などの枠組みをつくったうえで行われる**構造的面接**（structured interview）は，信頼性，妥当性でも心理検査に劣らないものもある。しかし，こうした面接方法は面接を実施する専門家を養成するために多大な手間を要してしまうという問題があり，やはり，心理検査に比べると普及しているとはいいがたい。

5. 心理検査の大きな分類

心理検査を大きく分けると，**知能検査，性格検査，作業検査，発達検査，**

表4-1　現在市販・使用されている主な心理検査

分　　類	主な検査
知能検査	**（個別式）** 田中ビネー知能検査（Ⅴ）　改訂版鈴木・ビネー式知能検査 **WAIS-Ⅲ**成人知能検査　**WISC-Ⅳ**知能検査 **WPPSI**知能診断検査（注1）　**K-ABC-Ⅱ**心理教育アセスメントバッテリー 改訂版**ITPA**言語学習能力診断検査　**DN-CAS**認知評価システム 日本版レーヴン色彩マトリックス検査　**CMMS**コロンビア知的能力検査 **（集団式）** 田中A-2式知能検査（注2）　新田中B式知能検査
性格検査	**（質問紙法）** **MMPI**新日本版　矢田部ギルフォード（**Y-G**）性格検査 本明・ギルフォード（**M-G**）性格検査　日本版**STAI** 顕在性不安検査（**MAS**） モーズレイ性格検査（**MPI**） 東大式エゴグラム（新版**TEGⅡ**）　**CMI**健康調査表 **BDI-Ⅱ**ベック抑うつ質問票　**NEO-PI-R, NEO-FFI**人格検査 **（投影法）** ロールシャッハ・テスト　絵画統覚検査（**TAT，CAT**） 文章完成テスト（**SCT**）　**P-F**スタディ　バウム・テスト **H.T.P.**テスト　人物画テスト　ゾンディ・テスト（実験衝動診断法）
作業検査	内田クレペリン精神検査
発達検査	遠城寺式乳幼児分析的発達検査法　新版K式発達検査2001 乳幼児精神発達診断法　改訂日本版デンバー式発達スクリーニング検査
適性検査	**SG**式進路発見検査　**TOPIC　GATB**厚生労働省編　一般職業適性検査 **ATAC**進路適性診断テスト
そ の 他	ソシオメトリック・テスト

適性検査などに分けられる。現在，市販されよく知られている検査を上記の5つのカテゴリーに分類したのが表4-1である。以下，それらの主なものを簡単に説明する。

6. 知 能 検 査

知 能 と は

知能（intelligence）の定義に関しては心理学者の間でも一致するものが今だに存在しない。ただ，**知能指数**（IQ：Intelligent Quotient）という言葉は誰でも知っている。知能指数が高いということはふつう頭がよいということとされている。そこからもわかるように，荒っぽくいえば，知能とは「いわゆる頭のよさ」のことである。ただ，頭がよいといってもいろいろな側面が含まれる。例えば，多くの事柄を正確に覚えられるという記憶力もその一部であろう。数学の問題を解くとき必要な能力，あるいは，抽象的な概念を議論するときに必要な能力，何かを決定しなくてはならないとき求められる判断力。知能とはこうしたいわゆる一般的な"能力"というものをすべて含んでいる。また，視点を変えてみると別のいい方もできる。どんなに知能の高い人でも決して生まれたときから数学の方程式が解けたはずはないし，生まれてすぐに数ヶ国語を話すということもありえない。知能の高い人は何かを学習したり身につけたりするそのやり方がより早く，効率的なのである。だから，この考えに従えば，知能とは新しい事柄を学習したり，新しい環境に適応したりする能力といえるかもしれない。

ところで，知能が高い人というといわゆる"学校の勉強ができる秀才タイプ"が想像されるが，これは必ずしも当てはまらない。物理学者のアインシュタインが学校で落第生であったというエピソードは，よく知られた話である。また，芸術的なセンスとか才能といわれるようなものも，必ずしも学校で優秀な成績をとることにはつながらないように思える。

現在，知能検査でアセスメントされる知能とは，抽象的な思考力，記憶力，数や図形を処理する能力など比較的学業と関連の深い内容になっている。これは，知能検査が学校での適応性を評価する場合に用いられることが多い現

状を考えれば，やむをえないことかもしれない。しかし，上に述べたように知能検査で測定される知能が，児童・生徒の能力のすべてをアセスメントできるわけではないことは心にとどめておくべきであろう。

ビネー式の知能検査

1905年，フランスのビネー（Binet, A.）は30項目からなる知能検査を考え出した。当時，フランスでは義務教育の普及に伴い，学業についてゆけない子ども（現在の診断では知的能力障がいに相当する；第2章参照）がいることが問題になり，その鑑別のために知能検査がつくられたのである。この検査はのちにアメリカのスタンフォード大学で改訂され，スタンフォード・ビネー知能検査として普及した。わが国ではこのスタンフォード・ビネー知能検査をもとに数種のビネー式の知能検査が作成された。このうち「田中ビネー式知能検査（Ⅴ）」（2003）や「改訂版鈴木・ビネー式知能検査」（2007）が今日でも入手できる。

　ビネー式の知能検査は，年齢別に分かれている（表4-2参照）。例えば，5歳の子どもに検査をする場合は，まず，5歳の問題からはじめる。そして，もしその子どもが5歳の問題が十分にできるようであれば，つぎに6歳の問題をやらせてみる。それも十分にできるようなら7歳の問題をやらせてみる。さらに，8歳の問題をやらせたが，これは難しくうまく解けなかったとしよう。すると，この子どもは5歳でありながら7歳の問題まで解けたので，その場合はこの子どもの精神年齢は7歳ということになる。逆に，5歳の子どもでも5歳の問題が十分答えられず，3歳の問題がやっとであったとすると，その子どもの精神年齢は3歳ということになる。

　知能指数は，この精神年齢をもとに算出される。以下に式を示す。

$$知能指数（IQ）= \frac{精神年齢}{生活年齢} \times 100$$

　式中の生活年齢とはその子どもの実際の年齢のことである。例えば生活年齢が5歳の子どもの精神年齢が5歳ならば，知能指数は100となる。ところが，その子どもの実際の生活年齢は5歳なのに精神年齢が4歳であれば知能

表4-2 ビネーの検査の項目例

3歳
- 目，鼻，口はどこか質問して答えられるか？
- 絵の中の物を検査者が指差し，その名前が答えられるか？
- 検査者が2桁の数字を読み上げ，それをそのまま繰り返しいえるか？
- 検査者が短い文（6音節）を読み上げ，それをそのまま繰り返しいえるか？

5歳
- 自分の姓をいえるか？
- 2つの箱を持たせてどちらが重いかいえるか？
- 正方形を模写できるか？
- 検査者が短い文（10音節）を読み上げ，それをそのまま繰り返しいえるか？
- 4スー（お金の単位）を数えられるか？
- 2つの三角形を合わせて長方形がつくれるか？

9歳
- 今日は何年，何月，何日かいえるか？
- 今日は何曜日かいえるか？
- 用途によらず物を定義できるか？
- 検査者が話をして，それを聞いて，その中で6つ以上の事柄を記憶しているか？
- 20スーの硬貨で4スーの物を買ったらおつりはいくらか？

11歳
- 矛盾を含む文のどこがおかしいか指摘できるか？
- 検査者が指定した3つの言葉を入れて1つの文がつくれるか？
- 抽象語を定義できるか？
- 3分間に60語以上の単語をいえるか？
- 語順のおかしい文章を正せるか？

ビネーが1908年に改訂した知能検査の項目のうち3歳，5歳，9歳，11歳の項目を示した。実際の項目は3歳から13歳まで1歳ごとに問題がつくられている。この表は，東　洋著　1981　知能テスト論（講座現代の心理学4「知能と創造性」小学館の第3章）にある質問項目を参考に筆者が作成した。

指数は80となる。逆に生活年齢が5歳の子どもの精神年齢が6歳であれば知能指数は120となる。つまり，その年齢の標準を100とし，それより数字が大きければ知能指数が高く，数字が小さければ知能指数が低い。

ウェクスラー式の知能検査

1939年，アメリカのベルビュー病院の心理学者ウェクスラー（Wechsler, D.）によって開発された知能検査である。ビネー式の知能検査は知能を1つの総合的な能力と考えていたため，知能指数は1つの数字として算出される。これに対し，ウェクスラーは臨床心理学者としての経験から，検査を言語性検査と動作性検査との2つに分けて構成した。このため知能指数も言語性知能

指数（VIQ）と動作性知能指数（PIQ）の2つが算出され，さらに両者を総合したものとして全体の知能指数が算出されるようになっていた。なお，アメリカでは，ウェクスラー式の知能検査は2000年以降，新しい知能理論（キャッテル・ホーン・キャロル（CHC）理論）をもとに抜本的な改訂が行われた。新版では，言語性知能指数と動作性知能指数は廃止された。そして，CHC理論に基づいて言語理解（VCI），知覚推理（PRI），ワーキングメモリ（WMI），処理速度（PSI）の4つの指標が設定され，それをもとに全体の知能指数（FSIQ）が算出されるようになった。

　ウェクスラーの検査はわが国でも翻訳，標準化が行われている。現在刊行されているものは幼児を対象とした**WPPSI知能診断検査**（Wechsler Preschool and Primary Scale of Intelligence）(注1)，5歳0ヶ月〜16歳11ヶ月の児童・生徒を対象とした**WISC-Ⅳ知能検査**（Wechsler Intelligence Scale for Children；1998），16歳〜89歳までの成人を対象とした**WAIS-Ⅲ成人知能検査**（Wechsler Adult Intelligence Scale Third Edition；2007）の3種類がある。なお，このうち新しいCHC理論に基づいて構成されたものは2015年現在，WISC-Ⅳのみである。なお，図4-1に以前の版のWISCの検査内容と採点のパターンを模式的に示した。

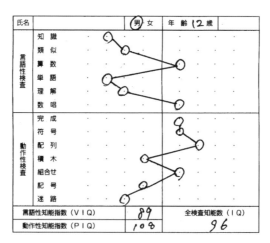

図4-1　WISCの採点用紙の例 (注3)
（筆者が模式的に作成したもの）

その他の個別式知能検査

　ビネー式，ウェクスラー式の知能検査は，検査者と被検査者とは一対一で行われる。これと同じような方式をとるもので，比較的よく知られているものとしては以下のようなものがある。まず，コミュニケーションに関する能力を測定するために，アメリカのイリノイ大学のカーク（Kirk, S. A.）によって作成された ITPA（Illinois Test of Psycholinguistic Abilities）がある。この検査は発達途上に診断される精神・行動の障がい（第2章参照）のうちとくに人に考えを伝えたり，人の考えを理解することに問題がある児童の診断のために使われる。また，アメリカのカウフマン夫妻（Kaufman, A. S. & Kaufman, N. L.）によって開発され，2歳6ヶ月から8歳11ヶ月の児童の知能を，①情報を処理し新しい問題を解決する知能と，②数や言葉の知識などの習得度とに分けて測定する K-ABC II（Kaufman Assessment Battery for Children），カナダの心理学者ダス（Das, J. P.）による知能のモデルをもとに，知能を「プランニング」「注意」「同時処理」「継次処理」の4側面から測定する DN-CAS 認知評価システム（Das-Naglhieri Cognitive Assessment System）などもある。K-ABC や DN-CAS は，近年，学習に困難をかかえる児童・生徒の支援において用いられることが増えている。

集団式の知能検査

　集団式の知能検査は，第一次世界大戦中大量の兵士の知能を迅速に診断するためにヤーキス（Yerkes, R. M.）によって開発された α 式検査と β 式検査がもとになっている。α 式は主に言語的な内容を中心としたもの，β 式は英語の話せない移民や義務教育を受けていない者に対して実施するために非言語的な内容で構成したものである。わが国ではこの α 式の流れを汲むものとして田中 A-2 式知能検査 (注2)，β 式の流れを汲むものとして新田中 B 式知能検査が作成されている。

7. 性格検査

性格について

　教育相談や心理学の関連分野では**性格**（character）のことを**人格**（personality）ということがある。しかし，両者の意味はほぼ同じである。人格というと人格者という言葉から連想されるような道徳的な意味合いを含んでいるように聞こえるが，そのようなことはない。性格の定義も知能の定義と同様に，完全にコンセンサスを得たものがない。ただ，一般には「人格（性格）とは個人の環境に対する独自の適応を決定している個人内の心理・生理的体系の力動的体制である」と述べたアメリカの心理学者オールポート（Allport, G. W.）の定義が広く受け入れられている。

　さて，性格検査は，ふつうその方式から質問紙法と投影法に分けられる。

質問紙法

　質問紙法（questionnaire method）とは，いわゆる性格検査である。「あなたは人前に出て話をするのが苦手ですか」とか「あなたは緊張しやすいですか」などという質問が何十問か並べられており，「はい」「いいえ」とか，あるいは，「あてはまる」「少しあてはまる」……「あてはまらない」などと書いてある箇所に○を付けて回答するものである。たいていは，○を付けた箇所に点数を付け合計すると結果が出てくるようになっている。質問紙法は，検査者が特別のトレーニングを受けていなくてもできるという簡便さがある。また，市販されているものについていえば信頼性，妥当性も高い。ただし，それは，被検査者が嘘をつかず正直に回答しているという前提のうえに成り立っている。検査によっては社会的な良識からみて答えにくい質問も含まれていることがあり，そのような質問には被検査者はありのままに答えてくれないおそれもある。そのため，検査によっては被検査者が正直に答えているかどうかを確認する**虚偽尺度**（lie scale）というものが含まれていることがある。虚偽尺度は，たとえば，「映画館の入り口で入場券売り場に誰も人がいなく，また，だれも見ていなかったすると，あなたはそのまま入場しますか」というような質問から成り立っている。この質問では「いいえ」と

答えると，その人は正直に答えていないとされる。
　以下，質問紙法の主なものを以下に紹介する。

①矢田部ギルフォード（YG）性格検査

　アメリカの心理学者ギルフォード（Guilford, J. P.）がつくった質問紙をわが国の辻岡らが翻訳したもので，性格検査のなかでは最もよく利用されている。それぞれ10問の質問からなる12の尺度から構成されており，「はい」「いいえ」「どちらでもない」のいずれかに印を付けるようになっている。

②MMPI（Minnesota Multiphasic Personality Inventory）

　1930年代にアメリカのミネソタ大学のハザウェイ（Hathaway, S. R.）とマッキンリー（McKinley, J. C.）によってつくられた。MMPIはさまざまな精神病や不安やストレスに関連して発症する障がいの患者の特徴をもとに作成された550の質問文から構成されている。14の尺度のうち，4つは妥当性尺度とよばれ被検査者が回答拒否をしたり正直に答えていないかをみるものである。残りの10個の尺度が臨床尺度である（表4-3参照）。わが国ではMMPI新日本版（1993）が刊行されている。

表4-3　MMPIの構成

（松原達哉（編者）　1995　最新 心理テスト法入門　日本文化科学社　より）

	尺度名	尺度記号	項目数	査定内容
妥当性尺度	疑問尺度（？尺度）	？	—	不決断や拒否的態度
	虚構尺度（L尺度）	L	15	社会的に望ましい方向に答える構え
	頻度尺度（F尺度）	F	64	受検態度の偏りと適応水準
	修正尺度（K尺度）	K	30	防衛的な受検態度
臨床尺度	第1尺度（心気症）	Hs	33	精神面を無視する傾向や疾病への懸念
	第2尺度（抑うつ）	D	60	現状への不満・不適応感や抑うつ傾向
	第3尺度（ヒステリー）	Hy	60	ストレス対処の仕方，自分の感情の洞察
	第4尺度（精神病質的偏倚）	Pd	50	人及既成の体制・権威に逆らう傾向
	第5尺度（男子性・女子性）	Mf	60	ステレオタイプな性役割を取得している程度と性役割観
	第6尺度（パラノイア）	Pa	40	対人関係上の敏感さ・猜疑傾向
	第7尺度（精神衰弱）	Pt	48	不安感を始めとする諸種の神経症的傾向
	第8尺度（精神分裂病）	Sc	78	統制と疎外感
	第9尺度（軽躁病）	Ma	46	活動性
	第0尺度（社会的内向性）	Si	70	社会参加や対人接触を避ける傾向

③STAI（State - Trait Anxiety Inventory）

　シュピールバーガー（Spielberger, C. D.）によって作成された。彼は不安

を，①性格として比較的その人に一貫して存在する**特性不安**（trait anxiety）と，②何か不安を引き起こすような出来事があったとき一時的に生ずる**状態不安**（state anxiety）の2つに分けた。そして，そのそれぞれをアセスメントする質問を20問ずつ集め，40問からなる性格検査STAIを作成した。日本版も複数刊行されている。

　④**モーズレイ性格検査**（MPI）
　イギリスの心理学者アイゼンク（Eysenck, H. J.）によって作成された検査。内向－外向性尺度（E尺度），神経症性尺度（N尺度），虚偽尺度（L尺度）からなる。このうち内向－外向性尺度は，ユング（第5章参照）の考えた内向性－外向性の概念に由来している。

　⑤**5因子性格検査**（NEO）
　近年，パーソナリティは神経症傾向，外向性－内向性，開放性，調和性，誠実性の基本的な5つの特性から説明できるという説が有力だが，その理論をもとに5つの特性をアセスメントする性格検査がこれである。成人用は，240項目からなる**NEO PI-R 人格検査**と短縮版**NEO-FFI人格検査**が市販されている。また，児童，生徒用も開発されている。

　⑥**ベック抑うつ質問票**（BDI-Ⅱ）
　認知行動療法の1つ，認知療法（第5章参照）の創始者ベック（Beck, A. T.）によって開発された抑うつ（うつ病）傾向をアセスメントするための質問紙。項目数も少なく簡単に実施できるため，広く用いられている。

　⑦**エゴグラム**
　第5章で紹介する交流分析の理論をもとに構成した質問紙。交流分析が考える5つの自我状態—A（大人），CP（批判的な親），NP（保護的な親），AP（順応した子ども），FC（自由な子ども）—がそれぞれ測定されるようになっている。わが国では東大式エゴグラム（TEG）という名称で刊行されている。

投　影　法

　暗い夜道を歩いていてたまたま街灯の光が当たった風に揺れる木の枝を目にしたとき，何かそこに恐ろしい生き物がいるように感じたことはあるだろうか。きっと，自分は少し臆病だと思っている人は，そのような体験をした

ことがあるはずだ。逆に，自分は少々のことでは怖いものなどないと思っている人は，そのように思ったことはあまりないのではないかと思う。つまり，人はものを見たり何かに反応したりするとき，そのものを客観的に見ているわけでもないし，誰でも同じように決まったやり方で反応しているわけでもないのである。むしろ，その人の心の状態を反映しながら，見たり，反応しているのである。**投影法**（projective method）とは，このような人の心の傾向を利用して性格をアセスメントしようというものである。

投影法は，質問紙法検査のように言葉による表面的な質問から構成されていないので，被検査者は意図的に回答をゆがめたり，嘘をついたりすることができないという利点がある。また，結果をさまざまに解釈することで性格のより深い理解に到達できるなど，優れた方法といえる。反面，いくつかの問題点もある。まず，質問紙法と異なり，測定したい内容を直接質問しているわけではないので，測定したい内容を確実に測定できているか，つまり，妥当性があるかどうかを確認することが難しい。また，採点がやや複雑なので十分訓練を受けていない検査者が採点作業を行うと正確な採点ができず，信頼性が低くなる。

さらに，質問紙法はふつう集団を対象にして一斉に実施できるが，投影法は専門的な訓練を受けた者が対象者に個別に実施しなくてはならないものも多く，誰でも簡単にできるわけでもない。

以下，主なものを紹介する。

①ロールシャッハ・テスト

スイスの精神科医ロールシャッハ（Rorschach, H.）が作成したもので，投影法のなかでは最もよく知られたものである。図4-2は，筆者がこれに似せて作ったものである。画用紙にインクを適当にたらして，それを2つ折りにした後に開くとそこに染みができている。

図4-2　模擬ロールシャッハ・テストの例
（筆者が模式的に作ったもので実際の図版ではない）

検査を受ける人は，このような図形を順番に10枚見せられ，それが何に見えるか，どうしてそのように見えるかが質問される。インクの染みはあいまいでとらえどころのない形をしているから，検査を受ける人によっていろいろな答えが出てくる。その答え方を分析することで性格をアセスメントしていこうというものである。

②**絵画統覚検査**（TAT：Thematic Apperception Test）

マーレー（Murray, H. A.）によって作成された検査。この検査では1人か2人の人が何かしている場面の図版を見せる。被検査者はその図版を見て自由に空想し，短い物語を作るように求められる。図版はあいまいなもので何をしているようにも見えるから，人によってつくる物語が変わってくる。その物語を分析し，性格を測定しようというのである。図版は20枚あるが，この中の数枚を選んで行うことが多い。なお，ベラック（Bellak, L.）によって開発された幼児用のCAT（The Children's Apperception Test）や老人用のSAT（The Senior's Apperception Test）がある。

③**P-Fスタディ**（Picture Frustration Study）

ローゼンツヴァイク（Rosenzweig, S.）によって開発された。欲求不満場面で人がどのように反応するかをみることで，性格傾向をアセスメントしようというもの。漫画風に描かれた場面，24個からなっている。その中の1枚は，例えば，水溜りのある道を歩いている人の横を車が通り，その人に泥水をはね，運転手がそれにあやまる場面が描かれている。そして，泥水をはねられた人のせりふの部分が空白にされており，自分がその人ならばどのようなことを言うか記入する。「このヤロウいいかげんにしろ」とどなりつけるか，あるいは，「いいですよ。今度から気をつけてください」と言うかは人によって異なってくるであろう。その回答のスタイルを分析して性格を知ろうというものである。

④**文章完成検査**（SCT：Sentence Completion Test）

この検査では，途中で途切れている文章を提示し，それを材料に自由に空想し残りの部分を記入してもらうという形式をとっている。例えば，「私の家族は，＿＿＿＿＿＿＿＿＿＿＿。」とか「私は友達から＿＿＿＿＿＿＿＿＿。」といったような質問文を提示し空欄の部分を自由に記述してもら

う。現在わが国では，高校・成人用は60問，小中学生用は50問からなるものが市販されている。なお，文章完成検査は学校における教育相談活動の中で用いられることも多く，ときには教師がみずから作ったものを用いることもあるようだが，結果の分析にあたっては専門家に相談する方がよいであろう。

⑤バウム・テスト

スイスのコッホ（Koch, K.）によって開発された。バウムとはドイツ語の木の意味である。被検査者は，まず，A4判の画用紙とB4くらいの柔らかい鉛筆を与えられる。そして，「一本の実のなる木を一生懸命にしっかりと描いてください」というような教示をされる。つまり，こうして描かれた木の大きさ，形などを分析することで性格のアセスメントを行うのである。

バウム・テストは，文章完成検査と同様に教室で一斉に実施できるので，学校の教育相談活動のなかで用いられることも多い。

⑥その他の描画検査

バウム・テストに限らず児童・生徒に絵を描かせ性格や心の状態を知ろうということは，学校では広く行われている。このなかで比較的よく用いられているものとしてH.T.P.検査や人物画テストがある。

H.T.P.は，バック（Buck, J. H.）によりはじめられたもので，家（House），木（Tree），人（Person）の絵を自由に書かせるものである。家は家族関係に関する事柄を，木は基本的，永続的な自己の態度が，人はその人の表面的な人間関係や役割などが表現されるという。また，マコーヴァー（Machover, K.）は1人の人を描かせ性格を分析することを考え，人物画検査を創始した。

8. 作　業　検　査

現在，作業検査として用いられているものは，内田クレペリン精神検査のみである。この検査は，ドイツの精神医学者クレペリン（Kraepelin, E.）の着想をもとにわが国の内田勇三郎が作成したもので，連続して並べられた1桁の数字の隣り合わせのもの同士を加算してそこに記入してゆくものである（図4-3参照）。ふつう，検査者はストップウォッチを使い被検査者に指示し

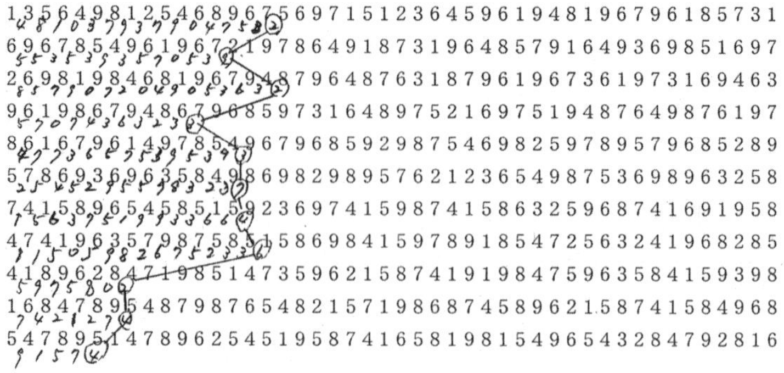

図4-3 クレペリン検査の例
（筆者が模式的につくったもので実物ではない）

ながら実施する。32行ある検査の1行は1分で行い，1分を過ぎたらすべてできなくともつぎの行にうつる。練習が2行で残りの30行を15行ずつ分けて前半，後半として行う。こうして検査が終わったら，各行の最後にできたところの数字を順番に線で結んでゆくと，曲線が得られる。この曲線の形によってある種の性格が判定できるという。したがって，数字を足すという知能検査のような課題を行ってはいるが実は性格検査の1つである。就職試験などで実施されることも比較的多いかもしれない。

9. 発達検査

　乳幼児の精神的な発達を測定するための検査であるが，知的障がいの診断にもよく用いられている。発達検査は，基本的にはビネー式の知能検査の方式に沿って作られており，年齢別に配列された検査項目を実施するようになっている。また，知能指数と同じような**発達指数**（DQ：Developmental Quotient）が算出されるようになっている。しかし，発達検査は，知能検査のように一対一で向き合い検査をするわけではなく，子どもを観察したり，道具を与えて様子を見たり，家族から子どもの状態を聞くなどして検査項目を採点していくという方式をとることがふつうである。こうした意味では知能検査とはかなり異なるものである。以下，よく用いられているものを紹介する。

①遠城寺式乳幼児分析的発達検査法

　0ヶ月から4歳8ヶ月までを対象としている。移動運動，手の運動，基本的習慣，対人関係，発語，言語理解の各機能を測定する。例えば，移動運動のうち6ヶ月から7ヶ月では「腹ばいで体をまわせるかどうか」，3歳8ヶ月から4歳では「片足で数歩飛べるか」といったことが検査項目になっている。また，基本的習慣では11ヶ月から1歳では「さじで物を食べようとするか」，3歳から3歳4ヶ月では「顔を一人で洗えるか」が検査項目になっている。

　結果は各機能別に何歳何ヶ月のものまでできたかがグラフにされ，どの機能の発達が進んでいるか，遅れているかがわかるように示される。

②新版K式発達検査2001

　0歳から成人を対象としている。年長の知的障がいのある子どもにも使えるようになっている。328の問題が，①姿勢－運動領域，②認知－適応領域，③言語－社会領域の3領域に分けて構成されている。結果もこの3領域の発達指数と全領域合計の発達指数がそれぞれ出されるようになっている。

10. 適 性 検 査

　職業や進路を選択するに際し，その人の能力，性格，意欲などを診断し，どの職業や進路を選択すれば適応，成功するか予測するための検査を適性検査という。

　ふつう，適性検査は，性格検査の中の意欲や社会的な適応に関する質問項目のほか，興味に関する質問，さらには知能検査の質問項目などを組み合わせて作られている。学校では進路指導の際に用いられる場合があるが，実際に適性検査の結果をもとに進学先を決定している例は必ずしも多くないようである。ふつう学校では，教師が生徒と個別に面接を行い進路決定をしていることも一因だろうが，偏差値等の学校の序列によって進学先を決定せざるをえない現状もあるのかもしれない。わが国でも数種が刊行されているが，主に高校生の進路指導（大学，短大等の学部，学科の選択）に用いられるものが多い。

11. その他の心理検査

　心理検査は膨大な種類があり，とてもすべてを紹介することはできない。ここでは学校場面と関連の深いその他の心理検査としてソシオメトリック・テストを挙げる。**ソシオメトリック・テスト**とはモレノ（Moreno, J. L.）の理論に基づくもので，学級集団の人間関係の把握のために作成された検査である。児童・生徒は検査用紙を渡され，おおむね以下のような教示をされる。すなわち，「このたび学級でグループをつくることになったが，そのとき，あなたが一緒のグループになりたい人は誰か，一緒になりたい順に名前を書いてください。また，できることなら一緒のグループになりたくない人がいたらその名前も書いてください」というようなものである。この検査を学級の全員に実施し回収し分析することで児童・生徒の人気，不人気，あるいは，仲のよい子どものグループの構成などを把握できるというのである。

　この検査はかつて小学校でさかんに実施されたことがあるが，好きな相手，嫌いな相手の名前を直接記入させることの是非から，現在では用いられることは少なくなっている。

12. 心理検査を実施する場合の注意

　松原は，心理検査を行う者の心得として，①被検査者に安心感を与えるような雰囲気をつくって検査を行う，②手引書を事前によく読んでおく，③検査の実施は正規の方法に従い自己流でやらない，④長時間かかるときは休憩を入れる，⑤被検査者が体調や気分の悪いときは無理に実施しない，⑥知能検査などで被検査者がもう少しでできそうだと思っても，ヒントや援助を与えすぎない，の6つを挙げている(注4)。これらは，いずれも重要なことなので押さえておいて欲しい。

　また，心理検査の利点と限界についても知っておくべきである。

　まず，利点であるが，学校の教師は，自分の学校の児童・生徒の心理状態や問題行動の状態を把握しなくてはならない状況におかれたとき，案外，冷静な対応ができないものである。教育者としての思い入れや，児童・生徒が

少しでも肯定的な方向に向かって欲しいという希望があるからである。このようなとき結果が数字で客観的，科学的に出てくることは，心理検査ならではの利点である。また，検査によっては児童・生徒に一斉に短時間で実施することができるのも，利点であろう。担任の教師がすべての児童・生徒と時間をかけて面接しその心理状態を十分に理解することは，多忙な教育現場の現状を考えればとうてい及ぶところではない。そのため担任は一部の問題行動が顕在化した児童・生徒に注意が集中しがちである。それ以外の児童・生徒が内的な問題を抱えていても気が付かないことも多い。心理検査はこのような現状を補足する有効な道具となりうるのである。

　一方，限界であるが，まず，心理検査でアセスメントできない心の状態や能力がたくさんあるということを挙げておこう。よくいわれることであるが，芸術的才能や天才的な能力は心理検査ではわからない。検査の大部分は平均に比べ高いか，低いかを基準に判断するように作られているので，特殊なケースをアセスメントするには適していないのである。なかには，**創造性検査**などというものも刊行されているが，とても十分とはいえない。このような領域はまだ心理検査の扱える範囲を越えているのである。

　つぎに，心理検査は児童・生徒を知るうえではあくまでも補助手段にすぎない，ということも指摘しておく。ときどき，適性検査などの結果をもとに進学する学部，学科などを生徒自身の希望とそぐわない方向に変更することを勧められたというような話を聞くことがある。確かに，進路指導の担当者としては，生徒の進路選択の失敗を極力少なくしたいという気持ちからそうすることもあるかもしれない。しかし，やはりそれではどこか納得ができないはずである。適性検査などでその進路が向いているというのは，あくまで統計的にみてその可能性が高いといっているにすぎない。可能性が低くても望みがかなう可能性はまったくないわけではない。だから，ここで担当者がすべきことは，生徒自身に，たとえ可能性の低い選択肢でもそれをどうしても選ばなくてはならないだけの必然性があるかどうか，自分をよく見つめ直して考えさせることである。そうしたうえで生徒が納得する選択をすればよいのである。つまり，この例からもわかるように心理検査の結果はそれをそのまま機械的に利用するのでなく，被検査者が自分を知り，見つめ直す，あ

るいは，教師が児童・生徒に対する見方を改めて考え直す道具になればよいのである。

　以上のようなことを踏まえて考えると，学校における心理検査の実施は，いつ，何のために，どのような検査を行うのか，慎重に見極める必要があることがわかるだろう。占いでもやるような気分で行ったり，教育相談活動の実績づくりのために行う，といった安易な実施は児童・生徒にプラスに働くとは限らないのである。

第5章　心理療法の基礎

1. 心理療法の基礎とは

　心の問題を抱え，悩み，苦しんでいる児童・生徒を援助し，回復させることは教育相談の主要な目的の1つであろう。この心の問題を抱え，悩み，苦しんでいる児童・生徒を援助し，回復させる専門的な技法として臨床心理学から取り入れられたものが**心理療法**（psychotherapy）である。この章ではこの心理療法の基礎となる諸理論を紹介する。

　心理療法の基礎理論が確立されたのは19世紀末から20世紀のはじめに活躍したフロイト（Freud, S.）によるところが大きい。もちろん，フロイト以前にも心理療法はまったくなかったわけではない。例えば，催眠を用いた心理療法はフロイトをさらに1世紀さかのぼった時代にも行われていた。しかし，18世紀末から19世紀初頭にかけて催眠療法のもととなる技法を開発した医師メスメル（Mesmer, F. A.）が催眠の仕組みを動物磁気という今日の科学から考えれば珍説としかいいようのない概念を用いて説明していたことからもわかるように，この時代の心理療法の理論はまだ貧弱なものであった。フロイトは彼以前に行われていた心理療法を研究し，無意識を中心にした心理療法の理論をつくり上げたのである。

　以下，まず，フロイトからみてゆくことにしよう。

2. フロイトの精神分析

意 識 と は

　人は，ふつう，**意識**（consciousness）というものがあることを知っている。今，考えている自分があるということはとりもなおさず意識があるということである。また，今考えてはいないが必要があればいつでも思い出せる知識や記憶というものもある。こういった部分はほぼ意識とよばれる。

無 意 識 と は

　ところで，ふつう人は二度と思い出したくないようないやな体験や思い出を必ずもっているはずである。そういういやな体験は思い出したくないから忘れようと努力するであろう。たいていの場合そういう記憶は時間とともに忘れてしまう。つまり，意識から消えてしまう。しかし，フロイトにいわせればそれは決して忘れ去ってしまったわけではなく，実は，忘れようという努力（フロイトはこれを**抑圧** repression とよんだ）をすることによって意識より深い心の奥底にいやな記憶を押し込んでしまっているのである。そのいやな記憶を押し込む心の奥底こそが**無意識**（unconsciousness）である（図5-1参照）。

無意識と神経症

　前の説明では，無意識とは忘れてしまいたいいやな記憶をしまい込んでおくところ，そして，意識されないところである。しかし，無意識とはそれだけではない。フロイトは，無意識には人の心を動かす原動力となるような心的なエネルギーがたまっているとも考えた。そして，後になるとフロイトはこの心的なエネルギーを性欲とほぼ同じものと考えるようになり，リビドー（libido）とよんだ。実は，たちの悪いことに無意識に押し込まれたいやな記憶は，この心的なエネルギーと複雑に絡み合って再びそのはけ口を見つけようとする傾向をもっている。つまり，エネルギーを得て意識に逆流してくるのである。ところが，意識はこのいやな記憶は思い出したくないので再びそ

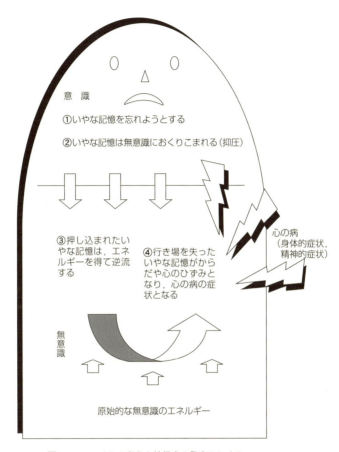

図5-1　フロイトの考えた神経症の発症のしくみ

れを押し込もうとして，そこでせめぎ合いが生ずる。それではエネルギーは発散する場所がないので，それが体や心のいろいろな部分のひずみとなってあらわれてくる。フロイトはさまざまな心の病，中でも不安やストレスが発症に関わるとされる障がい（第2章参照）は，このようにして生じてくると考えた。

フロイトの理論の背景

　フロイトがこのような理論を思いつくに至るまでには，以下のような経緯

があった。オーストリアのウィーン大学を卒業し開業医として活動をはじめたころ，彼はブロイアー（Breuer, J.）という医師と親しくなった。そのブロイアーの患者のなかにO.アンナ（Anna, O.）とよばれる女性がいた。彼女は身体的な異常がないにもかかわらず，手が麻痺したり，目が見えなくなったり，母国語であるドイツ語を忘れ英語で会話をするようになるなどの症状をみせた。ブロイアーは，彼女に催眠による治療を施した。催眠をかけられているときの彼女は普段の神経質で病的な雰囲気とは異なり，明るくよく話したといわれる。あるとき，催眠中に，彼女は，自分が水を飲むことにひどく抵抗を覚えるようになったのは，犬が自分のコップで水を飲む様子を見てとてもいやな気持ちになったからであるといった。そして，それを機に水が飲みにくいという病的な症状は消えてしまったという。同様に，ブロイアーが彼女を催眠にかけて彼女の思い出したくないいやな思い出について語らせると，その後，その思い出に関連した症状は消えてしまうということがつづいた。フロイトは，催眠によっていやな思い出を押し殺そうという意識の力が弱まったとき，その思い出について話をさせることで，無意識のなかにたまっていたいやな記憶とエネルギーを発散させ病気の症状をなくすことができることを発見し，自分の理論をつくり上げたのである。

精神分析の成立

　フロイトは，このように患者の無意識のなかにあるいやな記憶と症状の関係を分析することで，心の病を治療する理論や技法を体系化し，それを**精神分析**（psychoanalysis）と名付けた。

　フロイトは，はじめ，催眠を用い患者の治療にあたったが，後になると催眠は用いず，長時間かけて面接を行い無意識の内容を探る**自由連想法**を採用した。自由連想法では，通常，患者はカウチとよばれる寝椅子に横になり，治療者はその後ろに座る。患者は自分の頭に思い浮かぶことを自由に話すようにいわれる。治療者は患者の話に解釈を加え，ときには質問をしながら，無意識のなかに潜むさまざまな問題に迫ってゆくのである。フロイトの行った治療はふつう週あたり数回程度行い，その期間は数ヶ月から数年にもおよぶこともあった。

また，治療技法だけでなくフロイトの無意識や心の構造に関する理論も少しずつ変化していった。当初，意識とよばれた部分は後には**自我**（ego），そして，無意識といわれた部分は**エス**（Esまたは，イドid）とよばれるようになった（図5-2参照）。さらに，フロイトはこれに加え**超自我**（super ego）とよばれる部分を仮定するようになった。超自我とは幼少期に両親から教え込まれた道徳や社会的な規則，価値観などの集まった部分で，意識されない部分とされた。例えば，先ほど紹介した水を飲めない症状をもった女性は，犬が自分のコップで水を飲むのを見た体験がいやな記憶となっているが，犬が人と同じコップで水を飲むことが衛生上望ましくないというようなこと

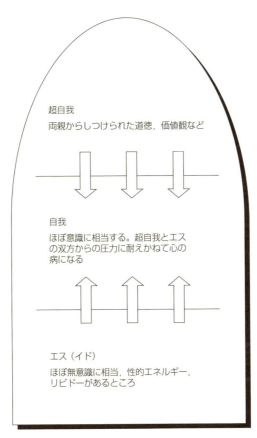

図5-2　後期のフロイトのモデル

は，ふつう子どものころ両親からしつけられたことに属する。この患者が犬が自分のコップで水を飲むのを見た体験に嫌悪感を覚えたのは，そのような両親からのしつけが超自我としてあったからだともいえる。つまり，このようにして考えると心が病んだ状態とは，エスの部分からくるエネルギーに基づく圧力と，超自我からくる道徳的な基準に基づく圧力（道徳的禁止といわれる）の間に自我が板挟みになってしまった状態ともいえる。

自我と防衛機制

すでに述べたようにフロイトによれば，自我は，絶えず，エス（イド）と超自我の圧力にさらされている。また，毎日，生活を送っている限り現実社会からの圧力もある。これら3つの圧力によって自我は不安を感じる。この不安から自我を守り適応するために，**防衛機制**（defense mechanism）とよばれる仕組みが動き出す。防衛機制の一番簡単なものは抑圧である。不安のもとになるいろいろな出来事を忘れようと努力することである。しかし，前にも述べたように，抑圧はいやな事柄を無意識に押し込むだけである。それは

表5-1　主な防衛機制

（前田重治　1985　図説精神分析学　誠信書房　の19ページの表を参考に新たに作成したもの）

種　類	内　　　容	意識レベルでの働き
抑　圧	苦痛な感情や欲望や記憶を意識から締め出す	抑制。臭いものにフタ
避　難	空想，病気などに逃げこむ	回避。逃げるも一手
退　行	幼児的な行動をすることで，現実から逃避する	童心に帰る
代理満足（置き換え）	欲望が阻止されると，それより要求水準の低い対象に目標を下げて満足する	
転　移	特定の人に向かう感情を，よく似た人に向ける	
昇　華	社会的に受け入れがたい欲望や考えを代わりに社会に受け入れられる方向に向け直す	
補　償	劣等感を他の方法で補う	碁で負けたら将棋で勝て
反動形成	本当に思っていること，したいことと逆のことをわざといったり，したりする	弱者のつっぱり
同一視（化）	相手を取り入れ自分と一体と思う	
投　射（投影）	他人に向かう感情や要求を，他人が自分に向けているものと思う	疑心暗鬼を生ず
合理化	無理な論理で自分や他者を納得させる	手が届かないぶどうはすっぱい
知性化	感情や欲求を直接ださないで，知的な論理や説明で自分や他者を納得させる	屁理屈をいう

早晩押さえきれなくなってしまう。そのため，自我は抑圧以外のさまざまな防衛機制を働かす。有名なものとしては，不安のもとになる事柄を不安なのではないと無理やり理屈づけて自分を納得させる**合理化**，社会的に受け入れがたい考えを代わりに社会に受け入れられる方向に向け直す**昇華**などがある。これらの防衛機制は，フロイトの娘のアンナ・フロイト（Freud, A.）によって体系化された。他の防衛機制は表5-1に示した。

3. アドラーとユングの心理療法

アドラーの個人心理学

アドラー（Adler, A.）は，フロイトと同じオーストリアのウィーン出身の医師で，はじめフロイトの門弟になったが，後にフロイトから決別した。

アドラーは，フロイトがリビドーを性的なエネルギーとみなしていたことが受け入れられなかった。彼は，人の心を動かすエネルギーとして，権力への意志とよばれるものを考えた。人は生まれてから成人するまで，自分より年長の者や力のある者の手を借りなくては生きてゆけない。人はそういう経験を重ねるなかで，自分は年長者や力のある者より劣っているという劣等感を持つ。そして，その結果，自分も将来は同じような力を持ちたいという欲望が自然にわいてくるのだという。そうした欲望が権力への意志である。権力への意志は，人が物事を達成しようというようなエネルギーにもなり，それが健全に働く限り問題はないが，ときとして，その処理が適切になされないと，心の病をはじめとした不適応に陥る。アドラーは，このような権力を意志の中心に据えた独自の理論を提唱し，それを**個人心理学**（individual psychology）とよんだ。

ユングの分析心理学

ユング（Jung, C. G.）は，スイスの精神科医師で，一時フロイトの門下に入ったこともあるが，やがてフロイトから別れ独自の臨床心理学の体系，**分析心理学**（analytical psychology）をつくり上げた。

ユングはフロイトと同様無意識や心的エネルギーの概念を重視したが，心

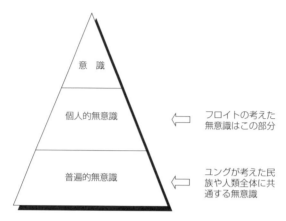

図5-3　ユングの考えた意識，無意識の構造

的エネルギーを性的なものとみなすことは受け入れられなかった。そうした点ではアドラーと共通する点もあった。ただ，アドラーが心的エネルギーを権力への意志とみなしていたのに対し，ユングは心的エネルギーは，性や権力といった特定の色彩はもたない一般的なエネルギーとみなしており，その点ではアドラーとも異なっていた。

　また，ユングは無意識を，個人的無意識と普遍的無意識に分けており，心の構造そのものに対する考え方でもフロイトとは相容れなかった（図5-3参照）。フロイトのいう無意識はユングによれば**個人的無意識**にあたる。彼はそれよりさらに深い奥に**普遍的無意識**とでもよべるものがあるとした。

　普遍的無意識は，個人のなかにそれぞれ個別にある意識や個人的意識とは異なり，同じ民族や文化に属する人たち（究極的には人類全体）が1つのものを共有するものとされた（図5-4参照）。ユングが，この普遍的無意識というものの存在に気づいた理由の1つは，各地の神話や昔話に共通する点が多く認められたことにあったという。通信手段が未発達な近代以前において人や情報が行き来することは現代に比べ非常に少なかったはずだが，地理的，文化的に離れたさまざまな地域で古くから伝えられている神話や昔話の登場人物やストーリーに共通性がみられるのは，人間が無意識のより深いところで1つの心，つまり，普遍的無意識を共有しており，それが神話や昔話に反映されているからだとユングは考えたのだ。

3．アドラーとユングの心理療法　151

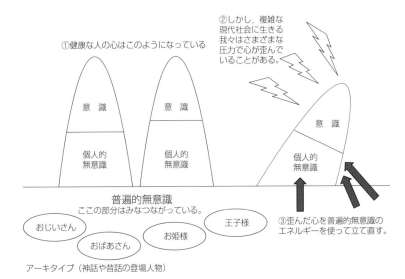

図5-4　普遍的無意識とユングの考える心の病気の発症，治療の仕組み

　ユングは，この普遍的無意識の共通性を形づくるものとして**アーキ・タイプ**（archetype）というものを仮定した。アーキ・タイプには**太母**（グレートマザー）（おばあさん），**老賢人**（おじいさん），**アニマ**（お姫様），**アニムス**（王子様）などいくつかがあるが，これは，昔話や神話に登場する人物にほぼ対応している。

　さて，このような心の構造のモデルをもとに，ユングは心の病の発症と，その心理療法による治療をどのように考えたのであろうか。そのあたりをフロイトとの比較で考えてみよう。

　前述のようにフロイトは，心の病は無意識のエネルギーが意識を圧迫することで起こると考えていた（図5-1）。つまり，フロイトは無意識のエネルギーは人に害をおよぼすものであり，それが心の病の発症の一番の源とみなしていた。

　これに対し，ユングは，心の病の原因についてフロイトほどはっきりとは述べていない。ただ，図5-4で示したように，ユングは，心の病は人間関係が複雑化し，経済効率が優先されるようになったストレスの多い現代社会を生きるなかで心が歪んでしまった状態と考えていたようだ。そして，この歪

んだ心を立て直すことが心理療法の役割なのだが，そのとき一役買うのが普遍的無意識のエネルギーであるとされた。つまり，ユングの場合，無意識のエネルギーは心の病を治療する際にプラスに作用するものとみなされていたのであり，そこがフロイトとは正反対なのであった。

　ユングの理論に基づく心理療法では，**夢分析**が基本的な技法となっている。患者は治療者の指示に従い毎晩見た夢を記録しておき，それを面接時にもってきて，治療者と話し合う。そして，それらの夢を素材に無意識内の出来事や症状について解釈を加えてゆく。ユングによれば，夢は普遍的無意識のなかにあるアーキ・タイプのメッセージが睡眠中にイメージの形をとってあらわれたものだという。夢のなかに登場するイメージはさまざまだが，治療者と話し合い，解釈を加えることで，患者は，自分の普遍的無意識のなかに人が豊かな自然のなかでのびのびと暮らしていた古い時代の姿，つまり，アーキ・タイプがイメージとして備わっていることに気付いてゆくのだという。そうすることで人が本来もっている自然な心のエネルギーを普遍的無意識から受け取り，心の病を治癒させるのだという。

　また，ユングは，人が精神的な問題を解決し，さらには自分のもっている本来の在り方に気づき心理的に成長してゆく過程を**個性化**（individuation）とよんだ。ユングの心理療法は人がこの個性化に向かう過程を手助けするものでもあるのだ。

　ユング派の面接ではフロイト派のように寝椅子などに横になったりせず，机をはさんで1対1で向き合う。フロイトの精神分析同様，治療にはかなりの時間を費やすといわれる。なお，一般に夢分析はある程度自分自身に対する理解や洞察が可能になった青年期以上の年齢の患者を対象に用いられる。児童期の患者を対象にするときは，後述の箱庭療法などを用いることが多い。

4. ロジャーズのクライエント中心療法

クライエント中心療法とは

　クライエント中心療法（client-centered therapy）は，アメリカの心理学者，

ロジャーズ (Rogers, C. R.) によって創始された。心理療法の分野でこのクライエント中心療法の占める位置は大きく，教育相談，スクールカウンセリングなど教育関連の分野に限っていえば，その影響力は圧倒的である。

　ロジャーズのクライエント中心療法は，しばしば，フロイトの精神分析と対比される。彼は心の病を治す主体を医師や心理臨床家，つまり治療者の側に求めず，治療を受ける側，すなわちクライエントに求めた。その姿勢は，患者という言葉は使わず**クライエント**（来談者）とよぶことからもわかる。フロイトの精神分析ではクライエントは治療者の前で話をするが，その話を解釈し，指示を与え，快方に向けるのは治療者であり，主導権は治療者の側が握っていた。ところが，ロジャーズは，治療者がそのような主導権を握ることに反対し，治療者はクライエントに対し一切の指示的な指導を行ってはならないとした。クライエント中心療法とは，治療者でなくクライエントが主体になって進める治療という意味である。また，このようなクライエントを中心におくという考え方を突き進めると，それは人間そのものを大切にするという姿勢にゆき着く。そのため，ロジャーズ自身は自分のカウンセリングの基本を**人間中心のアプローチ**（person-centered approach）とよんでいる。

クライエント中心療法の技法

　例えば，あなたが誰かから悩みを相談されたとしよう。そして，あなたはその人の悩みを聞いて，ひどくばかばかしいことだと思ったとしよう。なんでそんな当たり前のことがわからないのかと，あなたはいぶかしく思うに違いない。そして，あなたはその人に向かって，あなたの考えていることはとてもつまらないことで悩む必要のないことだと，順序立てて諭すかもしれない。相手はあなたの説明を聞いてわかったという。でも，何となくまだ納得したような顔はしていない。どこか腑に落ちないことがあるらしい。こういう経験は誰にでも一度はあるはずである。人というものは頭では理解しても心の底から納得できないというときもあるのである。そんなときフロイトならクライエントの無意識における気づかなかった不快な思い出や複雑な感情を言語化し，それがクライエントの円滑な理解の支障になっていることを説明するだろう。そうやって治療者がリードしてゆくことで，治療が進められ

ると考えていたのである。しかし，ロジャーズはそのような知的な解釈を与えることは，確かに一時的な効果はあっても，根本的な問題解決にはならないと考えたのだ。

　ロジャーズが何より必要だと考えたのは，治療者は**無条件の肯定的配慮**（unconditioned positive regard）をもって，クライエントが心のなかで感じていることを**共感的に理解**（empathic understanding）することであった。無条件の肯定的配慮とは，クライエントのあるがままの姿を受容しようという態度である。それはクライエントの話や態度の一部だけを取り上げて否定や肯定をするのではなく，完全に同じように受け入れるということである。また，共感的に理解するとは，クライエントの考えていることを，そのまま手に取るように治療者自身が感じられるように理解することである。そして，治療者は，クライエントが感じている感情をそのまま言葉にして，クライエントに返すのだ。

　クライエント中心療法では，通常，治療者と患者は面接室で一対一で向き合う。そこで治療者は前述の無条件の肯定的配慮と共感的理解をもってクライエントに接する。1回の面接は数十分から1時間程度のものだが，その間，治療者はできるだけクライエントの話を聞くことに専念する。治療者は感じたことをありのままに言葉にして返すのだが，もちろんこれは治療者が解釈を加えたり，クライエントに「○○しなさい」とか「○○してはいけない」というような指示を出したりすることではない。クライエントの存在そのものを受容し，クライエントの感じていることと一体化するような態度をもって言葉にするということである。

　ロジャーズは，治療者がそのような方法で接することによって，クライエントは自分で新しい方向を目指して積極的に歩み出すことができ，自分についての洞察を達成できるようになると考えた。クライエントがその洞察を達成し，問題を解決するまでの時間は，数回の面接で足りることもあれば，数ヶ月を費やすこともある。

　では，なぜ，そのような方法で，クライエントは洞察が達成できるのであろうか。それは，ロジャーズの人間観（自己理論）と密接に関係しているのである。

ロジャーズの自己理論

　まず，ロジャーズが心理療法を受けにくくるクライエントの心の状態をどのように考えていたかを見てみよう。ロジャーズは，それを2つの円を使って模式的に説明した（図5-5）。このうち，左側の自己構造というのは，刻々と流れていく自分の意識をどのように知覚しているかということ，つまり，自分自身についての認識である。そして，この認識はどちらかといえば，理想的なあるべき姿としての自分であることが多い。さて，もう一方の右側の円は実際に現在自分が体験している経験そのものをさしている。前者が理想の自分の姿だとすれば，こちらは，むしろ，現実の自分とでもいうべきものだろう。ふつう，適応的に生活している人は，この2つの円はわずかにずれている程度でだいたい一致している。そして，2つの円はその時々に応じて動いている。つまり，現実の自分は絶えず理想の自分を目指してそちらへ向かって動こうとする。そして，現実が理想に追いつけば，今度は理想の自分を高める（つまり，少しずらす）ことで現実の自分はまた理想に向かって少しずつ動いていくことになる。また，ときには少し理想が高すぎると思うこともあるかもしれない。そういうときは理想の自分を現実の自分に近づけることもある。このように2つの円はその時々の環境や周囲の人たちのやり取りに応じて，日常の生活に適応するように円滑に動く性質をもっている。

　一方，心理療法を受けに来るクライエントは，この2つの重ならない部分が大きくなっている。つまり，不一致が大きいのである。具体的な例を考えてみよう。例えば，自分は細やかで気がきく性格だと思っていた一人の生徒

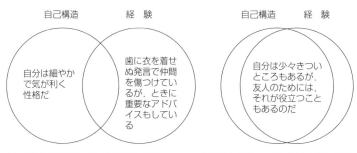

図5-5　ロジャーズの自己理論

がいたとしよう。この生徒は自分は細やかで気がきくという自己構造，つまり，理想の自分をもっているわけだ。ところが，この生徒の実際の行動をみていると，確かに，仲間に気をつかっている面もないとはいえないが，むしろ，歯に衣着せぬ大胆な発言で仲間を驚かせ，ときには仲間を傷つけてしまっていることもある。ただ，そうした率直な言動がときにはピンチに陥った仲間にとって適切なアドバイスになるなどよい効果をもたらしているという一面ももっている。これが実際の経験，現実の自分である。つまり，この生徒の場合，経験していることと自己構造とが不一致（incongruence）な状態にあるのである。

このような状態に陥っていると，自己構造と一致しない経験が次々とおこってくる。この生徒は，自分は細やかで気がきく性格だと信じているので，自分の言動に対して返ってくる相手の反応が自分の思っているものと違う。そこが，どうもしっくりしない。自分はなぜこんなに気をつかっているのに周囲の者は怒ったり不快感を示すのだろうか，どうして誰も自分のことを理解してくれないのだろうか，といった調子で不安感を高め，周囲の者が信じられなくなり，不適応な状態になってしまう。誰も自分を理解してくれないという思いは，次第に現実を否認，歪曲し，頑なに周囲を拒絶し，誰も信じられないという他者不信の状態に陥ってしまう。この生徒の場合，本来，もっている大胆で率直だがときにそれが仲間のためになるという特質を自分で理解すれば，仲間に対してももっとうまく振る舞えるはずなのであるが，それができずもっぱら他者不信を高めているのである。こうなると，ずれてしまった2つの円は固くなって動かなくなってしまうだろう。本来は円滑に動くはずの2つの円が固定されてしまうのである。

このようなときは，どうすればよいのだろうか。ロジャーズは，まず，治療者が無条件の肯定的配慮をもって，クライエントが感じていることを共感的に理解することを求めた。そうすることで，誰も自分の話を聞いてくれない，自分を理解してくれないという他者不信に陥っていたクライエントは，治療者がはじめて自分を理解してくれた，という気持ちになるであろう。一方で，治療者がクライエントについて感じたことをそのまま言葉にして返してやることで，クライエントは鏡と向き合っているような状態になる。そう

すると，クライエント自身も自己構造と経験が必ずしも一致していなかったことに次第に気づき始める。とくに，治療者がクライエントに全面的に共感し受容していたときは，クライエントはいやがうえにもそれに直面せざるをえなくなる。そうすると，それまで他者に対する不信感から固くなり動かなくなっていた2つの円は，少しずつであるが一致する方向に向かって動き始める。

　ところで，ロジャーズは，人には自分自身を高める方向に向けて，すべての能力を発揮するような内的傾向が根本的に備わっていると考えていた。フロイトのように，人が性的な無意識のエネルギーに支配されているとは考えず，人がもっているもっと建設的な傾向に目を向けていたのだ。だから，クライエント中心療法によって固まっていた自己構造と経験の2つの円がいったん動き始めれば，人は本来もっている内的な力によって自分から2つの円を一致させる方向に向かって動きはじめるはずだというのである。そうすれば，解釈や指示を与えたりしなくても，みずから理想の自分に向かって経験を近づけ，成長してゆくという人間本来の機能が動き出すというのである。

心理療法とカウンセリング

　クライエント中心療法が治療者に対して求める態度は，今日，カウンセリングで治療者がとるべき態度の基本と考えられているものとほぼ同じである。第1章で述べたカウンセリング・マインドといわれるものも，このクライエント中心療法が求める治療者の基本的な態度をわかりやすくキャッチフレーズ化したものが一人歩きしてしまったものである。

　ところで，本章では心理療法の基礎理論ということで話を進めてきた。しかし，ここで急に**カウンセリング**（counseling）という言葉が出てきたことに気づかれた読者もいると思う。心理療法とカウンセリング。この2つの言葉はどのように違うのだろうか。以下，少しだけ考えてみたい。

　実際のところ，この2つの言葉はあまり大きな差はなく用いられることが多い。しかし，微妙な違いもある。まず，一般にカウンセリングは心理療法に比べ，精神疾患や障がいの程度の比較的軽いクライエントを対象とした場合に用いられることが多い。また，心理療法がどちらかといえばクライエン

トの症状を軽減することを主な目的としているのに対し、カウンセリングはクライエント自身の成長する力に目を向け、症状の軽減はそれに付随するものと考える。このクライエント自身のみずから成長する力に目を向けるというカウンセリングの視点はクライエント中心療法と通じるものがあり、ときにはクライエント中心療法とカウンセリングとを同義語として使っていることもあるようだ。しかし、厳密にはこれは正しいとはいえない。ただ、わが国ではカウンセリングといっても心理療法といっても、それほどはっきりと差があるとはいえないのが現状だし、現場の教師が両者の区別を云々する意味もそれほどあるとも思えない。とりあえず、2つの言葉とその意味の違いなどの大略を知っておけば、それで十分であろう。

5. 行動療法

行動療法とは

　行動療法（behavior therapy）とは、実験心理学でさかんに研究された条件づけや学習の原理を、精神・行動の障がいの治療に応用した技法である。まず、前提として、行動療法では、通常は心の病気と考えられているものを、行動の異常と考えることからはじめる。新しい行動は条件づけや学習によって身につけられるが、ときにはそれが異常な行動であることもありうる。それが、心の病気である。そして、その身につけられた異常な行動をもう一度条件づけの手続きを使うことで異常でない行動に置き換えようというのが、行動療法の基本的な考え方である。

　行動療法という言葉は、オペラント条件づけの研究者として著名なアメリカの心理学者、スキナー（Skinner, B. F.）によって1954年にはじめて用いられたといわれる。さらに、イギリスの心理学者、アイゼンク（Eysenck, H. J.）が、フロイトの精神分析療法で治療するよりも行動療法で治療したほうが効果的だという見解を紹介し、行動療法は急速に知られるようになった。

行動の異常

　まず、行動の異常がどのようにして身につけられるか考えてみよう。ふつ

う心理学では，条件づけを**古典的条件づけ**（classical conditioning）と**オペラント条件づけ**（operant conditioning）に2分して考える。古典的条件づけとは有名なパヴロフ（Pavlov, I. P.）の条件づけである（図5-6参照）。一方，オペラント条件づけであるが，スキナー・ボックスといわれる箱にネズミを入れネズミがレバーを押すことで餌が出てくることを学習する実験といえば，たいていの読者は理解されるはずである（図5-7参照）。本書でも，この条件づけの2分法に従ってみてゆこう。

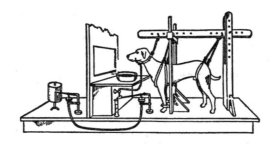

　この実験では犬の目の前にある小窓から餌が出てくるのと同時にブザーがなるようになっている。この手続きを繰り返していると，やがて犬はブザー音（条件刺激）を聞くだけでも唾液を出す（条件反応）ようになる。

図5-6　パヴロフの古典的条件づけの実験

　右上のケースに餌が入っている。ネズミが手前のレバーを押すと下の小窓から餌が出てくる。
　数日間絶食させられたネズミをこの箱の中に入ると，はじめはうろうろしている。やがて偶然レバーを押すと餌が出てくる。つまり強化が行われる。同じことを繰り返しているうちに，レバーを押すと餌が出てくるという関係を学習する。つまり，オペラント条件づけが成立するのだ。

図5-7　オペラント条件づけの例

①古典的条件づけで説明できる行動の異常

　例えば，不登校を例に考えてみよう。不登校は実際は第3章で取り上げたようにさまざまな原因や背景があって起こっていることが多いが，ときとして原因が比較的わかりやすいときもある。例えば学校が怖いという症状である。例えば，ある子どもは音楽が苦手であり，音楽の時間に歌がうまく歌えないで，しばしば先生から叱られていたとしよう。先生から叱られるのは恐怖である。まず，ここで音楽の先生から叱られるという無条件刺激と恐怖という無条件反応の組み合わせができる。ところで，音楽の授業があり先生から叱られるのは学校である。学校に行かなければ音楽の授業はない。そこで，音楽の先生から叱られるという無条件刺激が学校という刺激に結びつく。つまり，学校は条件刺激になる。すると，子どもは音楽の授業でなくとも学校という刺激があるだけで恐怖を感じることになる。学校という条件刺激と恐怖という条件反応が結びつくのだ。この結びつきは犬がブザー音と餌との関係を結びつけ，ブザー音が聞こえるだけで唾液を流すという古典的条件づけと同じである。

②オペラント条件づけで説明できる行動の異常

　今度は，オペラント条件づけの例を考えてみたい。拒食症（神経性やせ症；第2章参照）は青年期の女子によくみられる障がいである。これも原因は複雑なことが多いが，ときには簡単な理由によることもある。例えば，ある女性のボーイフレンドはやせている女性が好きだったとしよう。そこで，その女性はカロリーの低い野菜だけを食べるという無理なダイエットをはじめた。その結果，体重が減少し，ボーイフレンドからやせてスマートになったと誉められたとする。するとこの女性は，野菜だけを食べるという行動によってボーイフレンドから誉められるという強化が与えられ，ここに無理なダイエットをするというオペラント条件づけが成立し，それが拒食症になるというわけである。

　もちろん，実際の症状がここで紹介した2つの例のような単純な条件づけで成立していることは少ないが，複雑な症状もこのような条件づけの組み合わせで成り立っているというのが行動療法の立場である。

行動療法の技法

つぎに行動療法の治療法の中から、①古典的条件づけの原理によるものの例として系統的脱感作を、②オペラント条件づけの原理によるものの例としてトークン・エコノミー法をそれぞれ紹介しよう。

①系統的脱感作 (systematic desensitization)

ウォルピ (Wolpe, J.) によって開発された方法で、行動療法を本格的に実用化した初の技法として知られる。この方法は古典的条件づけの応用の一種で、3つの段階から構成されている(注1)。

例えば対人不安の強い人、つまり、人前であがりやすい人がいたとする。この人はある会社のセールスマンであるが、人と話をしているとどうも自分が相手から嫌われているのではないかと思って不安になってくる。だから、相手と視線を合わせることができない。さらに、不安感が高まると、緊張して言葉がしどろもどろになってくるなどの症状を訴えていたとする。

さて、このようなケースでは、まず、第一段階として、治療者はこの人に対してリラックスする方法を訓練する。リラックスは、通常、筋肉の緊張と弛緩を繰り返し次第に筋肉の弛緩したリラックス状態を安定してつくり出してゆく方法を用いることが多いが、詳細は省略する。とにかく、それによってこの人はリラックスした感覚を身につけることができる。

つぎに、第二段階として、治療者はこの人が具体的にどのようなときあがりやすいかをリストアップしてゆく。その結果、例えば「会社の得意先の顧客と商談をする」とか、「新規の顧客に自社の製品を売り込む」とか、「会社の上司と話をする」ときなどにあがりやすいことが明らかになった。つぎに、この3つの場面のうちどの場面が一番あがりやすいか、順序をつけてもらう。すると一番あがりやすいのは「新規の顧客に自社の製品を売り込む」ときであり、次は「会社の得意先の顧客と商談をする」ときであり、このなかで比較的あがりにくいのは「会社の上司と話をする」ときだったとする。まずは、この3つの場面を順序づけて記しておく。

さて、以上の2つの段階が済んだら、いよいよ条件づけである。まず、この人は先ほど分析したあがる場面のうち、一番軽い場面、すなわち「会社の上司と話をする」場合をイメージしてみる。確かに、少し、あがりそうな気

になり，心臓がどきどきするかもしれない。そこで，この人はすぐに先ほど身につけたリラックス法をやってリラックスしてみる。そして，リラックスした状態で，もう一度「会社の上司と話をする」場合をイメージしてみる。すると，その程度のことは何も怖いことではないような気分になるかもしれない。このようにあがりの原因となる場面とリラックスした気分を何度も一緒に経験することで，この2つは結びつけられる。あがりの原因となるような（実は何でもない）条件刺激とリラックスした気分という無条件反応とを結びつけ古典的条件づけを行うのである。

　こうして1つめの条件づけが成立したら，つぎは，もう少し恐怖の強い場面，「会社の得意先の顧客と商談をする」場面，さらにつぎの一番恐怖を感じる「新規の顧客に自社の製品を売り込む」場面と順番に同じような条件づけを試みる。以上の手続きによって，あがってしまうと思っていた場面でもリラックスできるという感覚を身につけたら，今度は次第に実際の場面に適用していくのである。

　②トークン・エコノミー法（token economy）

　さて，今度は，もう一方の条件づけ，すなわち，オペラント条件づけによる行動療法を紹介しよう。

　エイロン（Ayllon, T.）とアズリン（Azrin, N. H.）は，1965年，アメリカ，イリノイ州の精神病院で次のような試みを行った(注2)。この精神病院には統合失調症などの診断がなされた社会的な行動に問題のある多数の患者が入院していた。彼らはまず，患者に身につけさせるべき社会的行動をリストアップした。具体的には「食事の準備をする」とか「病室の掃除をする」「歯磨きや髪の毛をとかして清潔にする」等々である。そして，患者はこれらの行動ができると，病院の中だけで通用する一種の代理貨幣（トークン）を与えられた。そして，この代理貨幣をためることで「自分の好きな病室を選択できる権利」や「自分専用の椅子」，あるいは，「市街地に散歩に行く権利」などと交換することができた。

　この方法は，ネズミがレバーを押すことで餌を得られることを学習するオペラント条件づけと基本的にはかわりない。人間は餌に釣られるほど単純ではないという批判もあるかもしれない。しかし，この研究では，こうした方

法によって平均入院期間が16年にもおよび回復の見込みもないと思われていた44人の入院患者のうち，36人の生活習慣を変化させることに成功したという。

6. 認知行動療法

行動療法がその基礎とした理論は，ネズミなどの動物実験の結果から得られた知見で構成されていた。したがって，人の心の内部で何が起こっているか，それほど複雑に考えられていたわけではない。しかし，一般に心理療法の対象となると考えられている症状は，むしろ，強い不安や恐怖，あるいは，振り払えない悩みなどどちらかといえば心理的な側面が中心になっている。にもかかわらず，行動療法は患者の心の内部でおこっていることについてあまり積極的な関心を寄せていなかったのだから，どこか物足りなさがあった

旧来の行動療法（人間のなかで刺激を処理する過程は問わない）の考える行動の異常

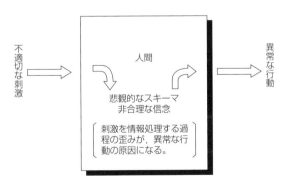

認知行動療法（情報処理のプロセスが仮定されている）の考える行動の異常

図5-8　行動療法と認知行動療法

ことも否めない。そうした点を反省し，クライエントの心のなかでおこっていることを認知とよび積極的に治療の対象としようという流れが，近年，強まっている。それらをまとめて**認知行動療法**（cognitive behavioral therapy）という。

認知行動療法も行動療法と同様，いわゆる心の病気を行動の異常と考える。しかし，行動の異常がおこるプロセスに関する考え方は異なっている。図5-8を参照されたい。従来の行動療法は，行動の異常は不適切な刺激によって条件づけられた結果おこるものとされ，その不適切な刺激が人の心のなかをどのように通過したかはあまり気にしていない。それに対し，認知行動療法では人の心の部分を認知とよび，そこでは外界から入力された情報の処理が行われていると考える。認知行動療法では，この認知の部分で情報を処理する過程に問題があり，その結果として行動の異常が生じていると考えるのである。

今日，認知行動療法とよばれる技法は実に多岐にわたっている。それは，認知行動療法が，フロイトやロジャーズといったような特定の理論家によってつくられた1つの理論的な体系に基づいていないからである。いってみれば，認知行動療法とは以下のような共通点をもったそれぞれ異なる流派の心理療法を総称したものである。その共通点とは，①心を認知過程としてとらえ，いわゆる心の病気をこの認知過程における何らかの問題と考える，②この認知過程は治療的な働きかけによって修正可能なものと考える，③そして，その結果として行動の異常を治療する，④面接技法についていえば，旧来の心理療法のような非指示的，受動的な側面を強調しない，むしろ，患者を説得することや課題を課すことなども含め，実用的な見地からさまざまな方法を臨機応変に採用し，患者に積極的に働きかける，⑤無意識やコンプレックスといったような抽象的な概念は用いず，実験心理学で用いる概念に似た実証可能性の高い概念を用いる，などである。

さて，本書ではさまざまな認知行動療法の技法の中から比較的知名度の高い認知療法と論理療法について紹介する。

認知療法

認知療法 (cognitive therapy) は，アメリカの精神科医師ベック (Beck, A. T.) がうつ病の患者を治療する技法として開発したもので，その後，うつ病以外のさまざまな症状に対して応用されるようになった。

ベックは精神科医として多くのうつ病の患者に接するなかで，うつ病の患者の認知に独特の癖があることに気付いた。すなわち，**自分，世界，将来**の3者に対し悲観的なものの見方をするのである。例えば，自分の努力が報いられず失敗してしまったとき，うつ病の患者は，「自分はどんなに努力してもだめなのだ」「世界中どこへ行っても，みな同じようなものだ。うまくゆくことなど見つかるはずはない」「だから，きっと将来もダメに決まっている」と，このように考えてしまうというのである。認知療法ではこのような認知を**自動思考**（automatic thought）と**スキーマ**（schema）という2つの用語を用いて説明する。自動思考とは，ある状況で意図せずに自然に湧きおこってしまう考えのことである。何かいやな出来事があったとき「また，失敗か。本当にいつやってもダメだ」といった調子で独り言でもいうかのごとく頭の中を考えがよぎることがあるが，それが自動思考である。ベックにいわせれば，うつ病患者はこの自動思考に独特の癖があるのだという。すなわち，①根拠がないまま結論をすぐ出そうとする恣意的な推論，②すべてのことを成功か失敗かのどちらかに極端に二分する二分割的思考，③否定的な事実だけに目を向け，肯定的な結果を過小評価する傾向，④すべて自分の責任だと考える個人への関連づけ傾向，などである。さらに，こうした自動思考の傾向を大きく方向づけている情報処理の枠組みが，スキーマである。うつ病患者は，このスキーマが行う情報処理が否定的な方向に向きがちなのである。

認知療法の治療は，上記の自動思考やスキーマを同定し，修正することが基本となっている。治療者と患者は一対一で向き合い面接をするが，いわゆるカウンセリングというような感じではなく，むしろ，2人で話し合ったり，課題をこなすなど，共同作業を進めてゆくような雰囲気である。通常，10回から20回の面接で終了するが，もっと短いこともある。

治療者は，まず，患者の問題点を聞き，それを整理し，その原因を認知療法の理論に基づきながらわかりやすく説明する。次に，患者の否定的な思考，

すなわち，自動思考がおこったとき，自分で気づき，思考を止めて考え直してみることを勧める。具体的には，①日記などの課題を課し，日常生活の中で考えた自動思考を書きとめ，それについて面接のとき治療者と話し合ったり，②面接時に治療者とロールプレイを行いそのときに自分がどのように考えがちであるか注意して自分をモニターしてみる，といった方法を用いる。こうした課題を行うなかで，治療者は患者と話し合いながら患者の自動思考が恣意的で妥当でないことなどを明らかにし，自動思考に代わる考え方を提示し，それらを比較するなどの手法を用いてゆく。これらを繰り返すなかで自動思考の背後にある組織的な認知の歪み，すなわち，スキーマを同定し，それを修正してゆく。そして，一連の治療過程でこなしたことを，患者が日常的な場面で一人で無理なく行えるようにしてゆくのである。

論理療法

論理療法（rational therapy）はアメリカの心理臨床家エリス（Ellis, A.）によってはじめられたもので，論理情動療法（rational emotive therapy）とよばれることもある。その考え方は，ABCシェマの理論として知られている。

このABCとは，図5-9を参考にしながら説明しよう。Aとはactivating eventのことで，何かの心理的な問題をおこすもととなる出来事である。Bはbelief，すなわち，信念であり，ここが認知の部分である。そして，Cは，先の信念に問題があった結果おこってしまうさまざまな症状であり，consequenceの頭文字をとっている。

エリスの考えでは，うつ病をはじめとした心の病の症状をみせる者は，上記のABCのうちのBの信念が歪んでいるのだという。そのような歪んだ信

図5-9　論理療法のABCシェマ

（小林正幸　1997　論理療法と認知行動療法（岩本隆茂ら（編）　認知行動療法の理論と実際　培風館　第4章）の図を参考に筆者が作成したもの）

念を非合理な信念（irrational belief）とよんだ。この非合理な信念は，推論の誤りと不適切な評価からなる。このうち，**推論の誤り**は，「約束の時間に彼女から電話がかかってこなかった」ということは「他に恋人ができたのかもしれない」というように根拠の十分でない考え方をする癖のことをいう。また，**不適切な評価**は「彼女に他の恋人ができたのかもしれない。だから，私の人生は終わりだ」というような極端に否定的な方向に物事を評価することである。このような認知の癖のためにすべてのことを悪い方向に考え，うつ病などの心の病になってしまうというのである。

　論理療法の技法は，治療者が患者のもっているこのような非合理な信念の存在を指摘し，それに代わる合理的な信念を使えるようにすることに中心がおかれる。例えば，推論の誤りを修正する技法としては「彼女から電話がかかってこなかったからといって，他に恋人ができたというような証拠がどこにありますか？」というような質問を繰り返し，患者に自分の信念の不適切さを気づかせる。また，不適切な評価に対しては「彼女と別れると本当に，人生は終わりなのですか？」といった具合に，評価の非合理性を指摘してゆく。もちろん，治療者はこうしたことを叱責するような口調でいってはならないことはいうまでもない。しかし，少なくともクライエント中心療法のような，すべてを受け入れるようないい方はしない。また，患者は治療期間中に課題を与えられる。その課題とは，日常の中でどのようなことがあり（A），それをどのように感じ（B），どのように行動したか（C）を記録するもので，その記録を材料に次回の面接を行うのである。

　このようなことを繰り返し，合理的思考を現実場面で自由に使えるようになるまで行うのである。

7．交 流 分 析

交流分析とは

　交流分析（transactional analysis：略してTAという）は，アメリカのバーン（Berne, E.）が創始した心理療法である。バーンははじめフロイトの精神分析を学んだが，のちに，それをもとにしてよりわかりやすい独自の理論をつく

り出した。したがって，交流分析が考える自我構造の3つの部分はフロイトの理論の超自我，自我，エス（イド）の3つの構造（147頁参照）とほぼ対応する。

自 我 構 造

交流分析は，まず，自我構造とよばれるものから人の心を考えてゆく。自我構造は3つの自我状態から成り立っている（図5-10）。それぞれ，親（parent：P），大人（adult：A），子ども（child：C）とよばれる。

親の状態とは，両親から取り込まれた態度や感情，行動などで，フロイトの理論の超自我に相当する。これはさらに**批判的な親**（critical parent：CP）と**保護的な親**（nursing parent：NP）に分けられる。

前者は，主に道徳や社会の価値観に基づき批判，叱責を行う。たとえば，「早く起きないと学校におくれますよ」「宿題をしてこなかったら許しませんよ」というような言葉は，この自我状態から出てくるものである。後者は子どもを育てるような養育的，保護的な面で，やさしく援助するような性質をもっている。「おかえり。今日も遅くまで塾通い大変だったね。さあ，夕飯を召し上がれ」「無理しないで。宿題が大変だったら私も手伝うわ」というような言葉を想像すればよい。

次は**大人の自我状態**であるが，ここは外部の環境を客観的に観察し，理論

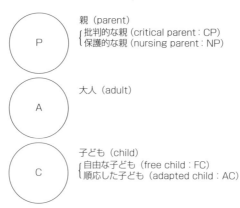

図5-10　交流分析の考える自我構造

的に考え，冷静に判断する部分である。フロイトの理論の自我に相当する。「このような授業内容では生徒は理解できないかもしれない。まず，生徒の理解状況を把握し，それから指導案をつくりなおそう」「この生徒が不登校になるまでには何か背景があるはずだ。この生徒の成績や友人関係，普段の生活態度をもう一度考えなおし，検討してみよう」というような考えをするときは，この自我状態にあるといえる。

3つめの**子どもの状態**は，子ども時代の感情や行動がそのまま残っている部分である。この部分はフロイトのいうエス（イド）の概念をヒントにしていることからもわかるように，人の感情や衝動といったものがその中心にあると考えられている。この部分も2つに分けられる。**自由な子ども**（free child：FC）は，子どもの行動や感情の中でも両親のしつけの影響を受けていない衝動的，原始的な部分で，表現力や想像性というような面も含んでいる。「わー，楽しそう。ぼくもこれと同じ物が欲しいよ」「（例えば絵を描いているとき）ここを赤く塗ってみようよ。きれいに見えるよ」というような状況である。**順応した子ども**（adapted child：AC）は，大人に対して従順で"いい子"を演じているような自我状態である。この状態は一見人からも好かれ適応的だが，本当の自分の気持ちを抑えているので，どこか言葉に刺があったり，ときには感情が抑えきれなくなり爆発したりすることもある。例えば，「一生懸命やったんですよ。だから，これでいいでしょ」「私はいつでもかまいません。先生の決めた時間なら無理をしてでも合わせなくてはいけないと思っていますから」というような言葉は，この自我状態から出ている。

交流分析の技法

交流分析では，まず，前に述べた自我構造の状態を分析することからはじめる。自我構造の状態の分析は第4章で紹介したエゴグラムという質問紙で測定することもできるし，グループで互いを分析し合うことで知ることもできる。自我構造のそれぞれの部分が，適度にバランスのとれた状態にあることが望ましいとされる。バランスがとれていない状態では，例えば，大人（A）の部分の強すぎる人は客観的すぎてやや冷たいところがあるし，また，批判的な親（CP）の部分が強すぎれば少し口うるさいとか，逆に自由な子ども（FC）

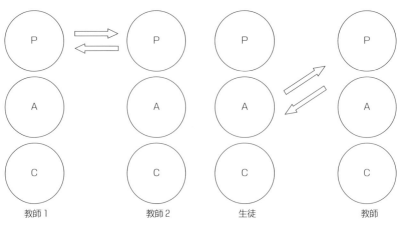

教師1「このごろの小学生は箸の持ち方もできないの」
教師2「そのとおり。親のしつけが悪いのよ」

図5-11 相補交流の例

生徒「先生,この数学の問題難しくて解けないんですが」
教師「なるほど。まず,自分でもう少しがんばってみなさい。それでもできなければ教えてあげるよ」

図5-12 相補交流の例

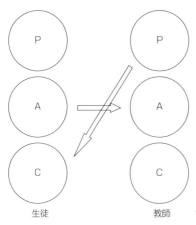

生徒「先生,数学の宿題は何ページから何ページまでですか?」
教師「何をいってるの。そんなことを聞くひまがあったら,だらしない姿勢を直してまじめに授業聞くほうが先じゃない」

図5-13 交叉交流の例

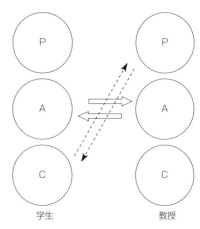

学生「ぼくは昨晩遅くまでアルバイトがあったので,レポートを出せませんでした(裏面,先生すみません。ぼくはいけない子です)」
教授「残念だが,成績は今日のお昼で締め切ってしまった。単位は出せません(裏面,そうだ君は自分が悪いんだ。単位がとれなくてあたりまえだろ)」

図5-14 裏面交流の例

の部分が強すぎると羽目をはずしぎみ，といった具合で，いずれの場合もそれぞれ問題がある。

次に，この自我状態が人と交流するときにどのような影響を及ぼすかを分析する。交流分析では，基本的な対人関係を，①相補交流，②交叉交流，③裏面交流の3つに分けている。

まず，**相補交流**とはある人のある自我状態から送られたメッセージが，予想したとおりの相手の自我状態から返ってくる交流のパターンである。図5-11のようにPの状態から発せられPの状態から返ってくるような場合でも，図5-12のようにAの状態から発せられPの状態から返ってくる場合でもよい。とにかく，話し掛けた人が意図したとおりの反応を相手がしてくれるので，会話に違和感がないし，適応的である。

交叉交流とは，ある人の自我状態から発せられたメッセージが予想外の相手の自我状態から返ってくるような場合である。このようなとき人は，こちらからの話し掛けが拒絶されたような気持ちになり，お互いに気まずくなる。場合によってはけんかに発展することもある。図5-13の例では，生徒は教師に客観的な事実を尋ねている，つまり，大人から大人の状態にメッセージを送っているだけなのに，それに対する教師の答えは親の状態から生徒の子どもの状態に向けられている。

裏面交流とは，相手に向けられるメッセージが表向きの相手の自我状態とは別の自我状態に向けられていることをいう。つまり，口では建前をいいながら，本音は別という交流である。例えば，図5-14では，教授と学生は大人の状態で交流しているようにみえるが，実際は学生は子どもの状態，教授は親の状態から本当のメッセージを発している。

この3つの対人関係のパターンは日常生活の中でいずれもふつうに行われているものだが，いずれかのパターンに過度に片寄っている場合は不適応を招きやすい。そのような不自然さをロールプレイで体験させ自分自身の行動を振り返り適応的な方向に向けさせてゆくために，**ゲーム分析**とよばれるグループのセッションが行われることもある。

さらに，交流分析では人の人生を1つのドラマのように考え，人がそれぞれの人生で演じている役割を**脚本**とよんでいる。この脚本は幼児期に身につ

けられるもので，人生の失敗者を演じる脚本，成功者を演じる脚本などがある。交流分析ではこの脚本を書きかえることで，自分自身の運命とか宿命などと思いあきらめていた不適応行動も修正できると考える。この脚本を分析し書きかえる作業も，前述の自我状態や交流のパターンの分析と同じような手法でなされる。

以上が交流分析の手法の概略である。交流分析で使う用語はやや比喩的なところがあり，科学性を重んじる今日の心理療法のなかでは異彩を放つ存在ともいえる。しかし，精神分析の概念を噛み砕いたような理論は誰にでもわかりやすく，また，グループを対象として実施できる点などの利点も見逃せない。教育現場での利用可能性も比較的高いといえる。

8. 森 田 療 法

森田療法の考える心の病

森田療法は，精神科医，森田正馬によって1921年ごろはじめられたもので，わが国でつくられ国際的に評価された数少ない心理療法の1つである。強迫性障がい，社会不安症（いわゆる対人恐怖症；第2章参照）などといった心の病に有効な治療法とされる。

森田は心の病に関して独自の見方をもっていた。彼は，まず，心の病になりやすい素質というものを考えている。このなかに**ヒポコンドリー性基調**というものがある。これは自分が不健康になったりみじめな状態になるのを非常に恐れる傾向で，とくに身体的な異常がないにもかかわらず「動悸がするのは心臓病かもしれない」としきりに訴えたり，あるいは，手を洗った後に汚れがきれいに落ちているかどうか非常に気になって仕方ないなど強迫的に訴えたりする傾向をさす。一方，森田によれば人は誰でも**生の欲望**とよばれるものをもっている。この欲望は死を回避し自分を大切にしたいというような生物学的な自己保存の欲求から，自分をより高め人間的に向上したいという欲求や，社会のために尽くしたいというような社会的な欲求までさまざまなものを含む。

森田の考える心の病は，心の病になりやすい素質に生の欲望の歪みが加わ

って発症するものとされる。例えば，心の病になりやすい素質をもった人が人前でスピーチをすることになったとしよう。このような人は生の欲望に歪みがあり自分がみじめになることを非常に恐れるから，失敗するのではないかと心配になって仕方がない。考えるとそれだけで動悸がして息が荒くなり声が出なくなるように思えてくる。ふつう，人は自分を高めたいという生の欲望をもっているから，なんとか動悸を抑えてスピーチを成功させたいと思う。どきどきしてはいけない，もっと呼吸を落ち着けなくてはと思う。すると，よけいに動悸はひどくなるし，声も出なくなる。このような調子で悪循環に陥ってしまう。この悪循環を**精神交互作用**という。この精神交互作用がとめどもなく繰り返されることで心の病になってしまうのである。

森田療法の治療技法

　このような心の病の状態から回復するために必要な条件として，森田は，**あるがまま**の状態を受け入れることを勧める。このあるがままの状態を受け入れるための技法こそ森田療法の最大の特徴である。治療法には入院治療と通院治療があるが，ここでは入院治療を簡単に紹介する。

　まず，入院してはじめの1週間は**臥褥期**とよばれ，病室のベッドにただひたすら横になったままでいることが要求される。ここでは，洗面や排泄というような必要最低限の日常動作以外のことは一切してはならない。また，人間関係，テレビ，インターネット，新聞などからの刺激も遮断される。はじめの2〜3日は不安や恐怖で頭のなかがいっぱいになり，どうかしてしまうのではないかと感じるが，やがて，一人で無為の環境におかれていてもとくに何も起こらないのだということに気づきあるがままの状態を受け入れ，少しずつ落ち着いてくる。そして，次第に生の欲望の肯定的な面が頭をもち上げてきて，起きあがりたいと思うようになる。

　次に，**軽作業期**に入る。この時期では庭を少し散歩したり，ごく簡単な作業をするなど，回復してきたエネルギーをすべて使い切らずやや不満が残る程度にしておく。この時期は数日間続く。

　それに続く**日常作業期**では食事の支度，配膳などを除き日常生活と変わらない生活が営まれる。スポーツや数人で行うレクレーションなども実施され

る。もちろん，このなかでも本人は心の病の症状に苦しんでいるが，症状があってもふつうに日常生活を営むことができることが次第に受け入れられてゆく。

さて，最後の**生活訓練期**では，回復してきた生の欲望の肯定的な側面を，現実生活を営むために振り向けてゆく。病院から学校や職場に通うなど，社会に対し再適応してゆくための手順がとられる。そこでも，以前と同じような不安や恐怖が再び頭をもたげてくるかもしれない。しかし，そういうときも身につけたあるがままを受け入れるという態度から乗り切ってゆくようになるのである。

9. 遊 戯 療 法

遊戯療法とは

ここまで紹介した各種心理療法は主に成人を対象に開発されたものである。したがって，教育相談の対象者，とくに，児童に対する心理療法としては必ずしも有効でないこともある。そこで，つぎに児童を主な対象とした**遊戯療法**（play therapy）についてみてゆく。

遊戯療法の適用年齢は，ほぼ2～3歳を下限とし12～13歳くらいが上限である。主に不安やストレスを抱えながら，それを言語化することが不得意なケースに有効とされる。

一口に遊戯療法といっても特定の理論的な背景があって成立しているわけではない。主な流派をとってみても，①フロイトの精神分析の流れを汲むものでアンナ・フロイトにはじまる児童分析，②ユングの分析心理学の考え方をベースにし，箱庭療法（後述）と遊戯療法とを近いものとしてとらえる立場，③児童中心の立場をとるアックスライン（Axline, V. M.）などクライエント中心療法に似た考えをするもの，④行動療法の立場をとるもの，などがあるし，実際には上記の各派の技法を折衷的に用いている心理臨床家も多い。

また，どのような遊戯，遊具を用いるかという点からみた場合，①人形遊戯療法（doll play），②積み木遊び法，③粘土遊び法，④フィンガー・ペイ

ンティング，などに分類できる。さらに，心理臨床家と子どもが一対一で行う場合，複数の子どもを同時に実施する場合，父母も子どもと一緒に行う場合などやり方もいろいろである。

遊戯療法の実際

　遊戯療法は，基本的には児童を対象としているので，対象者は保護者に伴われてくることがほとんどであろう。したがって，治療の導入時には治療関係をスムーズに確立できないこともある。とくに，分離不安が強く母親からなかなか離れられない場合などは，子どもと治療者との2人だけで遊戯室に入ることは難しいこともある。そのような場合は，無理に引き離さず，治療者と母親が協力して遊戯療法に向けるような雰囲気をつくるべきである。例えば母親に関していえば，①旅行にでもいくような大げさな別れ方をしない，②「行儀よくしなさい」「泣いちゃいけません」などの指示はしないといった工夫が，また，治療者は，子どもの正面に立ち顔を向き合いながら招き入れるのでなく，横か後ろに立って子どものそばについて不安を取り除いてやるような状態で治療室に入るなどの配慮が必要かもしれない。

　治療がはじまってからも，基本的には何かを無理してさせるような態度はとってはいけない。緘黙などのケースでは当然まったく口をきかないであろうが，無理に話しかけることもない。できるだけ受動的で受容的な雰囲気をつくるのである。遊戯療法に長い経験のある治療者の言葉をそのまま借りれば，「こちら（治療者）が，意図的に何かをしようとしないでそのまま子どもを受け入れるようにして遊ばせていれば，たいていは数回のセッションのうちに子どもは自発的に動き出し，言葉も発するようになる」そうである。といっても，これは何もしないで無関心でいろというのではない。治療者は受容的な雰囲気のなかで子どもの感情の流れや，行動の変化を自然な態度でモニターして，それに非言語的なコミュニケーションでもって対応しているのであろう。そこに遊戯療法の治療者の技術があるのである。

　子どもが，治療者が子どもを完全に受容していることに気づくようになると，子どもはそれまでもっていた罪悪感や心理的な葛藤を捨て，押さえ込んでいた感情や欲求を解放しはじめる。そうすることで子どもは情緒的に安定

してくる。このような作用のことを**カタルシス**（浄化）という。カタルシスの発想はもとをたどればフロイトの精神分析の考え方に由来するが、基本的にはどの流派の遊戯療法にも共通することである。カタルシスが得られると、子どもは感情的な葛藤のために固執的、病的になっていた行動を消去し、より自然な行動を獲得してゆく。

　遊戯療法では、子どもの治療と平行して保護者の面接を行うことも多い。この面接は、子どもの養育などに関して教育的な指導をすることばかりに集中するわけではない。年齢の低い子どもの精神的な問題の中には家族関係の歪みから生じているものもあることを考えれば、保護者の面接もむしろ心理療法の1つと考え、保護者に対しても受容的な態度をもって接するべきであろう。

10. 箱庭療法

箱庭療法とは

　箱庭療法はイギリスの心理臨床家、ローエンフェルト（Lowenfeld, M.）が子どもの心理療法の1つとしてはじめたものである。

　創始者、ローエンフェルト自身はアンナ・フロイトなど児童の精神分析の影響を受けているが、箱庭の解釈に精神分析の技法をそのまま持ちこむことについては、必ずしも賛成していなかった。その後、幾人かの後継者がさまざまなやり方で箱庭療法を試みたが、なかでもローエンフェルトに学び、それをスイスのユングのもとに持ちかえり、ユング派の心理療法の一技法として確立したカルフ（Kalff, D.）の功績によって広く知られることとなった。ユング派の箱庭療法は、子どものみならず、成人を対象者とするなど独自の発展を遂げた。わが国ではユング派の心理療法家である河合隼雄による普及活動もあり、最も人気のある心理療法の1つとなっている。

箱庭療法の実際

　箱庭で用いる箱は縦57cm、横72cm、深さ7cmで、外側は黒く、内側は青く塗ってある。内側の青は砂を掘ったとき水が出てくる感じを出すためであ

る。砂は，普通，灰色の砂を用いるが，これに茶色と白い砂を加え3種類で実施する方法もある。用いる用具は特に指定されていないが人形（ふつうの人物のほか，魔法使いなど想像の人物も含む），動物，木，花，家，石，乗り物，怪獣，柵，石垣の模型などである。

　治療者は対象者に対し「この砂とおもちゃを使って，どんなものでもいいから，何か作ってみてください」と教示する。

　対象者が箱庭を作っているとき治療者は基本的には同席し，横で見ている。見ているといっても，冷たく観察するのではなく，受容的に作るのを見守り，同じ場所を共有するという雰囲気をつくるのである。ある程度できたら「これは何ですか」などと話し掛けることもあり，そこから，対象者の心理的葛藤が話し合われることもあるが，対象者が言葉を発しない場合は無理強いすることはないのは遊戯療法と同様である。

　箱庭療法は1回だけ作らせて終わるものではなく，定期的に数回から数十回にわたって続けられる。そのなかで対象者が心理的な問題を表現し，それを解決し，人格を再編成する一連の流れがおこるのである。だから，箱庭はある一時点で作ったものを解釈するよりも，回数を経るごとにどのように変化したか，そのプロセスが問題にされるのである。

11. 集団療法

　本章で紹介した心理療法の大部分は心理臨床家と対象者が一対一で行う形式をとる。しかし，個別の心理療法は時間的にも経済的にもかなりの負担を強いる場合もある。また，対象者の抱える精神的問題が比較的軽く，プライバシーの保護を重視するよりも，同じような悩みを抱える者の間で共感し合うほうが効果的な場合もある。このようなとき行われるのが**集団療法**（group therapy）である。

　ただ，集団療法という名称の特定の心理療法はなく，一般には本書で紹介したクライエント中心療法や交流分析，あるいは，本書では扱わなかったパールズ（Perls, F.）によってはじめられた**ゲシュタルト療法**（Gestalt therapy）などの流れを汲む心理臨床家の一部が，集団で行う心理療法を集団療法とよ

ぶことが多い。また，モレノ（Moreno, J. L.）によってはじめられ，ロールプレイで小人数の即興的な劇を行い，社会性や人間関係の問題を体験的に解決してゆく**心理劇**（psychodrama）も集団療法の1つである。

集団療法の詳細にはここでは立ち入らないが，注意すべきことがある。誠に残念なことであるが，集団療法と称する心理療法のなかにはときとして心理臨床家として十分な訓練を受けていない者が独自の理論に基づき行っているものがあることである。これらのなかには自己啓発セミナーなどの名称で高額な料金を請求するものや，特定の宗教団体の布教活動も兼ねているものもあると聞いている。このことには現場の教師も十分注意を払う必要がある。

12. 基礎理論を学ぶ意義

教育現場で教育相談やスクーカウンセリングに従事する教師にとって，ここで紹介したようなカウンセリングや心理療法の基礎理論の必要性を感じることは，日ごろはあまりないと思われる。不登校の児童や生徒を目の前にして何かをしなくてはならないというとき，高尚な理論は役に立たないと感じるかもしれない。

確かに，そういう意見はあたっている。ある心理臨床家は自分はユングの理論に基づいて心理療法を行っているという。別の人は自分はロジャーズのクライエント中心療法を実践しているという。しかし，それぞれの理論を背景にした心理療法を行っている心理臨床家の中で最も優れた人を選んできてそれらの心理療法のやり方を比較すると，背景とする理論が大きく違うのにもかかわらず，実質的な差は少ないという。つまり，どのような理論をバックに心理療法をしていようと，本当に優れた心理臨床家のやり方は究極的には同じだというのである。

だから，個々の理論を学ぶより教育相談やカウンセリングに従事する者としての基本的な態度を身につければよい，という意見が出るのももっともかもしれない。カウンセリング・マインドがしっかりと身につけられればそれで十分であるという主張である。

とはいえ，少なくとも基本的な基礎理論を知っておくということは，やはりそれなりの意義がある。

まず，実質的な面から述べると，これまでの章の中でも随時述べてきたように個々の心理療法にはそれぞれ得意とする精神・行動の障がいがあり，障がいによってはその心理療法を行うことがほとんど効果のないものもあるからである。例えば，神経発達症（いわゆる発達障がい；第2章参照）のケースに対してフロイトの精神分析療法を実施する意味はあまりない。これらは行動療法の得意とする分野である。一方，生徒から進路の悩みの相談を受けたとき行動療法を実施するのはやや無理がある。

学校の教育相談の担当者は，スクールカウンセラー，臨床心理士といった専門家と接することが多いと思う。これらのスクールカウンセラーや臨床心理士は，多様な心理療法の中からそれぞれに得意とする分野の心理療法や相談の技法をもっている。だから，もし，その専門家がその生徒や児童の相談にのるのは自分には苦手だといったときは，無理頼みすることはせず，代わりの専門家を紹介してもらうなど適切な処置をとることが望ましい。

次に，もう少し理念的な面から心理療法の基礎理論を学ぶ意味を述べる。それは，それぞれの理論がもっている人間観を知ることの大切さである。フロイトは無意識を重視したが，そこからわかるのは人間が自分の心や行動をコントロールすることの難しさである。一方，ロジャーズの理論は人の心の前向きで成長する側面を重視しているが，そこには，フロイトとはまた違った角度から人間をみるまなざしがある。このようにそれぞれの心理療法の基礎理論の差は，単に心理療法のやり方や適用範囲の違いを反映するだけではなく，基本的な人間観の違いに由来しているのである。そのようなさまざまな人間に対する見方があるということを知っておくことは，教育に携わる者にとって有意義だと思う。例えば，児童・生徒の指導に行き詰まり，ひどく困ってしまったとき，自分は人間をどのようなものとしてとらえていたか改めて考えてみるとよいだろう。そして，それが一面的なものであったとしたならば，他にどのような見方があるか考え直してみるのである。そうすることで意外な打開策が見つかるかもしれない。このようなとき，心理療法の基礎理論が提供してくれるさまざまな人間観はきっと役に立つと思うのである。

第 6 章　教育相談の周辺の諸問題

この章では何を話題にするか

　前章までは，教育相談と学校精神保健に関する基礎的な話題をできるだけ簡潔に整理してみた。しかし，教育相談も学校精神保健も，抽象的な学問でも，理論体系でもない。むしろ，学校という現実のなかでこそ生かされる実践知の集合体とでもいうべきものである。そして，その学校であるが，一見，絶えず変化し続ける現実社会とは隔絶された場のように見えるが，その場を構成する児童・生徒（および，その保護者），そして，教師が現実社会の一員である限り，そこからの影響は免れ得ない。もちろん，そうした社会からの影響は，学校のなかで諸問題に対応するための機能を担っている教育相談にもおよぶはずである。そうした意味で，教育相談や学校精神保健について考えるとき，現実の社会で起こっているさまざまな問題やそれに関わる教育上のトピックについて，多少なりとも考えてみる必要があるのではないかと思う。最終章では，そうした現実の社会でおこっているさまざまな問題やそれに関わる教育上のトピックのなかから，教育相談や学校精神保健と密接に関わると思われるものを選んで，少しばかりの考察を加えたいと思う。

児童虐待について

　近年，悲惨な児童虐待のニュースを耳にすることが増えているように思う。2013年の速報値では，全国の児童相談所が扱った児童虐待に関するケース数は73,765に上るという (注1)。図6-1-(1)からもわかるように1990年代初頭は年間1,000件程度だったことを考えれば，その数は爆発的に増加した

といわざるを得ない。もちろん，これは，虐待に対する関心の高まりや，法令の制定，改正による通告義務の強化などによってこれまで統計にあらわれなかったケースが計上されるようになったこともあろうが，到底，それだけでは説明しきれないように思わる。

　児童虐待が増加した背景については必ずしも確かな要因が特定されているわけではないが，少子化や核家族化あるいは地域のコミュニティーの崩壊によって養育者が社会的に孤立しやすくなっていることと密接な関係があるといわれている。産後のうつ病の症状に悩ませられたり，育児に対して大きな不安を抱えながらも社会的に孤立した養育者は周囲から支援が受けにくく，そのストレスが原因で児童虐待におよぶというのである。また，バブル崩壊以降の経済状況なども，これらと関係しているともいわれる(注2)。

　児童虐待というと，どちらかというと乳幼児が中心とも思われがちだが，図6-1-(3)からもわかるように小学生から高校生までの被害が全体の半分以上を占めている。また，虐待は，必ずしも，身体的に暴力を振るうことだけではない。児童虐待防止法においては，身体的虐待のほか，性的虐待，ネグレクト（育児放棄），心理的虐待も虐待として扱うことが明記されている。虐待によって子どもが受ける影響としては，死亡，頭蓋内出血・骨折・火傷といった身体的傷害のみならず，栄養・感覚刺激の不足による発育障がい，暴力を受けた体験によるトラウマ（心的外傷），そこから派生する不安や情緒

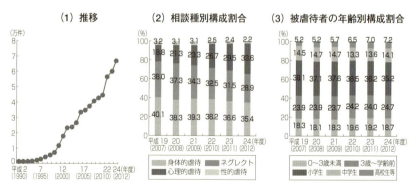

図6-1　児童相談所における児童虐待に関する相談対応件数
（内閣府　2014「平成26年度版　子ども・若者白書」より）

不安定といった精神症状，安定した愛着関係を経験できないことによる対人関係の障がい（乱暴，ひきこもり），自尊心の欠如（低い自己評価），さらに，重症の場合は，多重人格障がい（解離性同一症；第2章参照）の発症など多方面にわたる(注2)。

　学校での教育相談や生徒指導の場面において，このような被虐待経験をもつ児童や生徒と関わりをもつ機会は頻繁にあるとはいえないかもしれない。しかし，近年の虐待のケースの増加を考えれば，その機会は少しずつではあるが増えているといわざるを得ない。虐待によって生じた自尊心の欠如などは想像以上に根深く，カウンセリングの場面でも一般的なやり方で支持的，受容的な対応をしても，自分が認められている，受け入れられているという気持ちにはなかなかなりにくいとされる。また，例えば虐待を受けた子どもの間では，ふつうは滅多にないとされる多重人格の症状がときどき見られることがある。これも，虐待によって自分はダメな人間であるという意識を繰り返し植え付けられた結果，そうした自己像に耐えられなくなり，それをある1つの人格の中に押し込めて切り離し，それとはまた別の人格をつくり上げるためであるといわれる。

　2004年に改正された児童虐待防止法では，虐待の被害から子どもをいち早く守るために，実際に虐待を受けた現場を目撃しケースだけでなく，虐待を受けたと思われる子どもの存在についても，すみやかに都道府県市町村の福祉事務所か児童相談所に通告する義務が課されている。よくいわれるように児童・生徒は家庭で虐待を受けていても，学校の教師や他の大人に自分が虐待を受けていることは積極的に話そうとはしない（もっとも，これはいじめ被害者にも共通することではあるが）。児童や生徒が怪我をしていたり，身体のあちこちにあざがあったり，不自然な火傷のあとがあるといったことがみられた場合は，いじめや暴力の被害を疑うことは当然だが，虐待についても考慮する必要があろう。また，前述のように虐待の影響は心的外傷や不安，情緒不安定，自尊心の欠如といった心理的な側面にもあらわれる。こうした症状を抱えたケースは教育相談の場面で出会う可能性も十分にある。さらにこれに関連して，第2章でも述べたが，近年，何かと取り上げられることが多いADHD（注意欠如・多動性障がい）のケースが示す多動症状と被

虐待児の示す症状がきわめて類似しており，児童精神医学の専門家でさえその鑑別に苦労するということもある(注3)。近年，学校現場では児童・生徒の不適応や問題行動の背後にADHDをはじめとしたいわゆる発達障がいの存在を見出そうとする傾向が強いが，そのために虐待のケースを発達障がいとして片づけてしまい見落としてしまう危険性もあるのだ。

　過去の調査では，学校からの通告は，身体的虐待については多いものの，ネグレクトのケースでは少なくなるとされている(注4)。そうした点からみても，教育相談に関わる教師として虐待の可能性は絶えず念頭においておくべきことなのではないかと思う。

　ただ，実際に児童・生徒の虐待が疑われた場合，それを通告するかどうかについては，直接その児童・生徒に関わった教師としては，なかなか迷うこともあるのではないかと思う。その場合，教師はそれを一人で抱え込むのではなく，管理職（校長・副校長・教頭など）やスクールカウンセラーなどの専門職と情報を共有し対応策を考えるべきであろう。もちろん，教育相談の担当者として個人情報の保護につとめなければと思ってしまうだろうが，そこについては同じ学校の教職員であれば同じように守秘義務が課せられていると考えればよい。それよりも，虐待によってその児童・生徒が受ける影響の大きさを考えれば，いち早く対応するほうが重要といえる。また，通告をスムーズに行えるようにするためには，学校としても，普段から，児童・生徒に虐待が疑われる場合の対応の指針などを立てておくことが望ましいだろう。

　ところで，前述のように，虐待の背景に経済状況の悪化があるということは，近年，しばしば指摘されるようになっている。先ほど紹介した調査のなかでもこれについて検討している。それによれば，虐待のケースを軽度，中度，重度に程度分けし，それぞれの生活困難度を「困難」「多少困難」「非困難」に分類してみてみると，軽度の場合でも約4割の家庭が「困難」に分類されているが，中度以上になると4分の3以上の家庭が「困難」とみなされ，非困難はおよそ1割にとどまるという(注5)。もちろん，この調査において「困難」がどの程度の経済的困難をさしているのかについては検討の余地もあろうが，現在，生活保護を受けている者が人口比で2％弱程度であること

を考えれば，やはり，高いといわざるを得ない。つまり，こうした実証的なデータからも虐待と経済状況との間に密接な関係があることは明らかなのである。

そこで，つぎは，この経済状況という点に焦点を当てて，"子どもの貧困"についてみてゆきたいと思う。

子どもの貧困について

かつて，日本は"一億総中流"などといわれ，経済格差の少ない社会だとされてきた。しかし，1990年代の中ごろからそうした社会に異変が起こり，先進諸国の中では，経済格差の大きな国とみなされるようになってきた(注6)。経済格差の拡大に伴い貧困率も年々高まっており，2013年の全世帯の貧困率は16.1％，そして，18歳未満の子どもの相対的貧困率についてみれば，全世帯の貧困率を上回る16.3％となり（図6-2），実に6人の子どものうち1

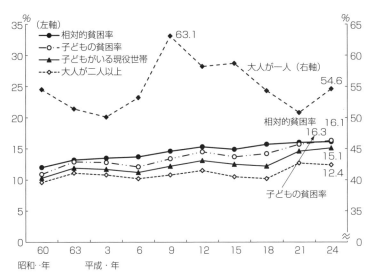

注：1）平成6年の数値は，兵庫県を除いたものである。
2）貧困率は，OECDの作成基準に基づいて算出している。
3）大人とは18歳以上の者，子どもとは17歳以下の者をいい，現役世帯とは世帯主が18歳以上65歳未満の世帯をいう。
4）等価可処分所得金額不詳の世帯員は除く。

図6-2 貧困率の年次別の推移
（厚生労働省 平成25年 国民生活基礎調査の概況より）

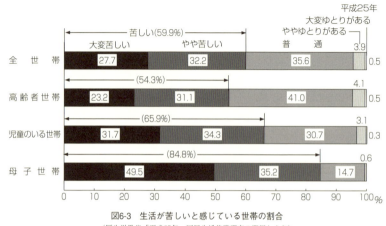

図6-3　生活が苦しいと感じている世帯の割合
(厚生労働省「平成25年　国民生活基礎調査の概況」より)

人が貧困状況におかれている。2012年の先進20ヶ国の子どもの貧困率比較では，日本はアメリカ，スペイン，イタリアに次いで4番目に高くなっているという (注7)。また，実際に生活が苦しいと感じている世帯の割合は，子どものいる世帯の65.9％，母子世帯については84.8％とかなりの高率になっている（図6-3)。

　このような貧困状況が子どもに与える影響はさまざまである。先進国の中でも教育費の自己負担割合の最も高い部類に属するわが国では，当然，貧困状況におかれた子どもの高等教育への進学率は，それ以外の家庭よりも圧倒的に低い。また，教育が受けられないことによって就労，就職でも不利な立場に立たされ，成人後の低収入を招くという，いわゆる，貧困の連鎖に陥ってゆくといわれる。さらに，もっと悲惨な影響としては，貧困のために怪我や病気になっても治療を受けることができず，症状を悪化させてしまう子どもがいるといったような報告もある。

　しかし，貧困の影響はそうした極端に深刻なものだけではない。教育相談や生徒指導の場面でしばしば取り上げられるような問題も，実は，貧困と関係しているものが多い。例えば，子どもの出身階層を「ブルーカラー　下」「ブルーカラー　上」「ホワイトカラー　下」「ホワイトカラー　上」の4つに分けて学校における意識について調査したところ，「ブルーカラー」の出

身階層の子どもほど「学校はきおくれして居心地が悪い」と答える割合が高く，逆に「他の生徒はわたしをよく思ってくれている」といった項目で，あてはまるとする割合が低いという。さらに，少年の非行についてみると犯罪度の重い事件に関わった少年ほど，貧困世帯出身である率が高くなるという。このように貧困家庭出身の子どもたちは時間の大部分を過ごす学校で疎外感を感じ，なかには，そうした疎外感から，学校外で非行グループなどに加わり犯行におよぶといったケースも考えられるのかもしれない。

　学習意欲という面からみても貧困の影響は無視できない。中学3年生に「テストでよい点がとれないとくやしい」という質問をしてそれに対して「そう思うと」答えた者の割合は，貧困層では45.3％，非貧困層では60.3％と大きく差がついたという。この背後に何があるかについてだが，この調査では，中学生に，将来，あなながが40歳になったとき何をしているか，という質問もしている。それに対し「世の中の役に立つ仕事をしている」「やりがいを感じる仕事をしている」と答えた者の割合は，やはり，貧困世帯出身者は低くなる傾向があるという。つまり，貧困世帯出身者は，将来に対する夢がもてず，その結果として，普段の学習意欲も低くなっているのである。実際に，生活保護の受給世帯や貧困世帯出身者が多くを占める児童養護施設の子どもたちは，中学生や高校生でも掛け算九九などさえまともに習得できていないという報告もある(注8)。また，長期欠席（つまり，不登校）の児童・生徒は経済的に厳しい状況におかれた家庭の子どもが比較的多いという指摘もある(注9)。不登校と貧困との間にどのようなつながりがあるかは十分にわかってない面もあるが，貧困のために将来に対し夢がもてず，それが意欲低下をもたらし，学業，学校からの脱落につながっている可能性は十分考えられる。このようなタイプの不登校は，旧来から不登校の典型として考えられてきた心理的な側面が強いタイプの不登校とは異なるものと思われる。

　一方，次のような報告もある。1歳半で自閉スペクトラム症（第2章参照）の疑いのある子どもの親について調査したところ，社会経済的地位が低く，とくに母親の学歴が低い場合にその可能性が高かったという(注10)。一般に自閉スペクトラム症のような発達障がいは，何らかの脳の機能の異常によるものという想定がなされており，これを貧困の問題と結び付けて考えること

は教育相談や生徒指導に関わる者の間でもあまりいないのではないかと思う。

　このように貧困世帯の子どもたちに比較的多く見られる不適応や問題行動の中には，一般には教育相談や生徒指導上の問題とされているものが，意外に多いのである。旧来，不登校をはじめ教育相談で取り上げられるような問題行動は，むしろ，社会が豊かになったからこそ出てきた心理的な問題と考えられがちであり，そのように扱われることが多かった。しかし，新自由主義的なグローバル経済の進展で子どものいるごく普通の家庭でも熾烈な競争社会の影響を直接受けるようになった現在，このように学校における子どもの不適応感や意欲低下が経済的な背景と深く結びついているという状況も決して無視できないのである。さらに，発達障がいのようなどちらかというと生物学的な面に原因が求められてきた障がいさえも，もしかすると，貧困と関係しているとなると，これまでのような心理主義一辺倒の教育相談的対応では何ともしがたい面があることを学校側も認識せざるを得ないはずだ。

　かつて，"心の教育"が提唱され，保健室は"心の居場所"などとさかんにいわれた時期があった。不登校の激増を受けて保健室登校も増えていったことによって，養護教諭の役割が，怪我や体調不良の児童・生徒への対応から教育相談的な機能に少しずつシフトしていたのだ。しかし，近年では，保健室は，そうした機能に加え，貧困問題に対する対応も担うようになっている。比較的貧困世帯の多い地域において小中学校の保健室は今や経済的な事情で医療を受けることができない児童・生徒へ対応したり，食事を食べさせてもらえない児童・生徒に養護教諭が給食の残りをとっておいて出したり，洗濯をしてやる，銭湯に行けない児童・生徒にシャワーを使わせてやる，等々といった生活支援の場になっているという(注11)。

　こうした事実をみると，教育相談や生徒指導という学校内での活動も，絶えず，外部の経済状況や社会状況の影響を受けていることは明白であろう。学校関係者，教育行政に携わる者たちもこの現実を避けてばかりはいられなくなっているのである。

　しかし，こうなってくると，つぎに考えなくてはならないことも出てくる。これまで，現場の教師たちは，さまざまな不適応や問題行動が，心理的な問

題に起因する部分が大きいと教えられ，そのために教育相談や生徒指導に力を入れてきた。もちろん，そのすべてがうまくいったわけではないが，なかには，そうした心理主義的な対応でうまくいったケースもあるかもしれない。しかし，今度は，そうしたこれまでの教育相談や生徒指導のやり方では問題は解決できない，とされたらどうなるだろうか。原因は外部にあり教師一人ひとりの努力では何ともしがたい経済状況や社会状況にあるのだ，だから，そうした状況を踏まえ，もっとマクロな視点から政策的に対応してゆかなければならないのだ，といわれたとき，教師たちは，やり場のない無力感に襲われるのではないだろうか。そうならないためにも，教師は自分たちでできることは全力でやりながら，一方で，その限界も知っておく必要があると思う。しかし，それは，なかなか難しいことでもある。たんに頭で理解すればよいというものでもないからだ。

そのため良心的な教師がしばしば無理をして，燃え尽きてしまう。教育相談や生徒指導に携わる側が，心のバランスを崩してしまうのである。つぎに，こうした教師のメンタルヘルス上の問題について考えてみたい。

教師のメンタルヘルス

2013年度に文部科学省が全国都道府県と政令指定都市の教育委員会を対象に行った調査によると，小中高等学校の教師の病気休職者は8,408人（全教師の0.91％）だが，このうち精神疾患によるものが5,078人（全教師の0.55％）に上るという(注12)。精神疾患による休職者は，ここ5年ほどは多少の増減がある程度だが，1990年ごろから20年ほどは一貫して増え続けていた。これに対し，同じ期間の精神疾患以外の病気休職者は全期間を通してほぼ横ばい状態であった（図6-4）(注13)。精神疾患による休職者が0.5％程度という数字にはさして驚かされないかもしれないが，ある自治体を調査したデータによれば休職とは別に年間30日以上何らかの病気で休暇をとった教師の数は休職者の5，6倍いるとされ，この数字まで含めて考えると約4％（およそ，25人に1人）の教師が年間30日以上休んでいることになるという(注9)（ちなみに，不登校に関する統計でも年間30日以上の病気などによらない欠席を不登校とみなしているが，不登校の出現率は中学校で3％，小学校では

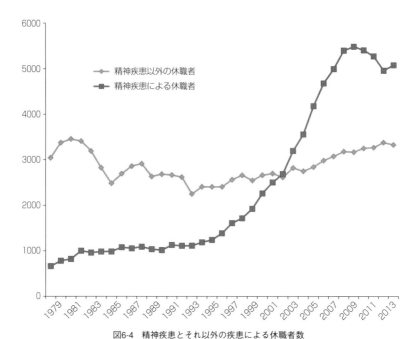

図6-4　精神疾患とそれ以外の疾患による休職者数
(文部科学省　2012　メンタルヘルスの現状，文部科学省　2013　平成24年度公立学校教職員の人事行政状況調査，文部科学省　2015　平成25年度公立学校教職員の人事行政状況調査などをもとに著者が作成)

0.5％を下回っている）。

　教師の精神疾患が具体的にどのような疾患なのか，現職の教師350人余りを対象に行った調査結果によると48％がストレスによるうつ病（反応性うつ病），17％が狭義のうつ病やそううつ病であった。このうち，ストレスによるうつ病の割合は一般勤労者の倍であった(注14)。長期間にわたる激務とそのストレスが原因によって発症するうつ病はよくバーンアウトともよばれる。バーンアウトとは，メンタルヘルスに関する専門家の間では「過度のストレスによって心身ともに消耗しつくした結果，無気力，無感動となってしまった病的状態」をさすとされ(注15)，教師のほか，医療，福祉関係者のような対人的援助を提供し，一般に高い倫理水準，職業意識を要求される職業に就く者が陥りやすいとされる。バーンアウトを構成する要素については，研究者によって必ずしも一致しているわけではないが，情緒的消耗感（消耗しつくし無気力になってしまった状態），個人的達成感の後退（仕事に充実

感，達成感を感じられなくなる状態），脱人格化（他人と接したりすることに無関心となり，自分の仕事や自分自身が無意味に思われてくるなどの状態）の3つの側面からアセスメントされることが多い。小中学校の教師を対象としてこの3側面からバーンアウト傾向を調査した研究結果によれば，このうち，個人的達成感の後退の側面において危険水域とみなされる教師が多く，その割合は小学校では15〜20％，中学校では20〜30％に達していたという (注16)。この割合は，実に，教師5人に1人が何らかの意味で精神的問題を抱えているといえるもので，危機的な状況といってよいだろう。

　では，教師のメンタルヘルスがこのような危機的な状況におかれている要因は，どこにあるのだろうか。

　その1つは勤務時間の長さにあるといわれる。教師の平均的な残業時間は中学校で2時間半，さらに，30分から1時間程度のもち帰り仕事があるという。また，それとは別に休日の出勤，および，もち帰り仕事が合計すると3時間程度はあるといわれる (注17)。これらを合計すると月あたりの残業時間は小学校でおおよそ40時間，中学校で50時間を超えており，もち帰り仕事まで合わせると70時間から80時間に達するケースもざらにあると思われる。これは2006年の調査結果だが，40年前（1966年）の調査結果と比較すると残業時間は3〜4倍になっている。

　しかし，単に勤務時間の長さだけが教師のメンタルヘルスの悪化の要因ではない。教師の業務，とくに，学級担任の仕事などは一人で対応するものがほとんどで，トラブルなどにも一人で対応することが多い。例えば，「仕事や職業生活におけるストレスを相談できる者の有無」を調査した結果によれば，教師で相談相手がいるとしたものは45.9％で一般企業の労働者の89.0％を大きく下回っており，教師がトラブルを一人で抱え込んでいる様子がうかがえる (注13)。また，教師のような対人援助職では，その職務において必ずしも正解のないことが多く，終わりが見えにくく目に見える成果を実感しにくい場合がしばしばである。それゆえ自分の行動が適切かどうかの迷いや不安といったストレスを感じがちになる。このため自分自身の努力に関する周囲からの肯定的な評価やフィードバックが得られないと，ストレスが蓄積されバーンアウトになりやすい (注18)。

問題解決に正解がなく，また，終わりが見えにくく目に見える成果を実感しにくい教師の業務の代表的なものとして挙げられるのが生徒指導だろう。先ほども紹介した現職の教師を対象にした調査(注14)の結果でも，教師の職場内ストレスの42％は生徒指導によるものだった。これに対し，努力すれば成果が比較的目に見えてあらわれ，また，客観的な評価も得やすい学習・教科指導によるものは4％にすぎないという。しかも，1966年と2006年の教師の職務の時間配分を比較した結果によれば，過去40年間で教師が割く時間のなかで最も増加しているのは，最もストレスになりやすい生徒指導であった(注19)。

　また，近年，教育現場でも成果主義，競争原理が導入されそれに伴う成果報告書の作成の機会が増えたり，また，個人情報の保護の徹底などによる管理業務が増大するなど，教師が行わなくてはならない事務処理が膨大なものになりつつあるともいわれる。前述の1966年と2006年の教師の職務の時間配分を比較した結果でも2番目に増加率の高いのは事務的な業務であった。そして，この事務的な業務も生徒指導と並んで「教員が多忙に感じていることや負担に感じている業務」とに位置づけられていた。

　さらに，モンスターペアレントという言葉に象徴されるように，近年，保護者対応が難しくなってきていることも教師のストレス増加に一役買っている。例えば，ストレスによる教師の休業についてみると，保護者対応が第一要因になって受診，休業に至る割合は，それ以外の要因による場合の2倍になるという(注14)。

　このような教師を取り巻く環境の変化が，教師のメンタルヘルスを年々悪化させ，危機的な状況に追い込んでいるのであろう。

　では，こうした教師の側の状況は児童・生徒にどのような影響を与えているのだろうか。教師のバーンアウトに関する調査結果(注20)によれば，「児童・生徒と話したくない」という質問に「あてはまる」と答えた教師は，バーンアウトによる消耗感が最も高くなる傾向があるという。また，「通勤途中でイライラしやすい」「学級全体を把握しにくい」といった項目に該当する教師も同様に消耗感が高い。教師がストレスを抱え込みメンタルヘルスを悪化させていると，イライラ感から児童・生徒に当たってしまったり，扱い

にむらができたりするなどの影響が出る。そして，それが児童・生徒のストレスを再生産し，今度は児童・生徒の問題行動になって教師を再び苦しめるというストレスの悪循環がはじまるという(注20)。

つまり，教師のメンタルヘルスの悪化は，教師だけの問題ではなく，児童・生徒への対応の質の低下に跳ね返ってくるである。しかも，そうした影響が主として生徒指導や教育相談と関わっておこっているということは注目しておくべきであろう。

こうした状況に対し，メンタルヘルスの専門家でもあるスクールカウンセラーを有効に活用してゆこうという提案や，実際にそれを試みているケースもある。スクールカウンセラーは，本来は児童・生徒にサービスを行うのが職務ではあるが，必ずしも，直接カウンセリングを行うことだけが仕事ではない。メンタルヘルスの専門家であるスクールカウンセラーが教育の専門家である教師に，教育相談や生徒指導に関して助言を行うコンサルテーションは，教師が問題を一人で抱え込むことを防止することや生徒指導のような成果のあらわれにくい業務において感じる不安感を軽減する働きもあり，結果的に教師のメンタルヘルスの改善にも有効だという。また，スクールカウンセラーがコンサルテーションを大きく取り入れた活動を行うことは，相談室に閉じこもりがちなスクールカウンセラーが相談室から出て職員室で管理職をはじめとした他の教師とコミュニケーションをとる機会を増やすことになり，それが結果的に学校全体で生徒指導上の問題にサポートしてゆこうという雰囲気づくりになるともいう(注21)。

このように，教師のメンタルヘルスの問題は，教育相談に関わる専門職としてのスクール・カウンセラーの業務の在り方とも切り離せないものがあるのである。

だからときには，教師のメンタルヘルスという視点から，学校の教育相談や生徒指導の体制を見直して考えてみることも必要なのではないだろうか。そうすることで，何か，これまでと違ったものが見えてくることもあるかもしれない。

特別支援教育や発達障がいについて

　さて，最後に，教育相談や生徒指導，そして，学校精神保健の周辺の話題として特別支援教育や発達障がいについて少しだけ触れておく必要があろう。

　2008年に出された本書の第2版（注22）で，著者は，現職の教師に勤務校で直面している児童・生徒の問題のなかでとくに心理学等の専門的な支援が必要と思われるようなことがらがあるか，という質問を行った2007年の調査結果を紹介した。そこでも，最も回答数の多かったのは発達障がいを含む特別支援教育に関することであった。同じ傾向は現在も続いていて，小中学校などの現職の教師と話す機会があるたびに，特別支援教育や発達障がいについてもっと情報がほしいという声は相変わらず多く聞く。

　こうした背景には2007年からはじまった特別支援教育の導入や，さらには障がいをもった人々の福祉や教育に対する世界的な潮流の変化がある。

　世界的な動きをみると，障がいをもった人々への福祉や教育に対する関心の高まりは，国連が1981年を国際障害者年と定めたころからはじまるといわれる。そして，1993年の国連総会では「障害者の機会均等化に関する標準規則」が採択され，さらに，翌年にはスペインのサマランカで開催された「特別なニーズ教育に関する世界会議」において「サマランカ宣言」が出された。このなかで，それぞれの児童・生徒の個々にニーズに対応した支援を行うことで，障がいの有無にかかわらず，すべての児童・生徒が通常の学級で教育を受けられるようにすべきであるという，いわゆる，インクルーシブ教育の原則が打ち出され，これが世界的な潮流となっていった。

　わが国の特別支援教育もこうした世界的な流れを受けて2000年代に入ってから本格的にはじまった。2002年には障がい者関連施策の基本的な方向を盛り込んだ新しい「障害者基本計画」が閣議決定された。このなかにおいて，障がいのある子ども一人ひとりのニーズに応じてきめ細かな支援を行うために乳幼児期から学校卒業後まで一貫して計画的に教育や療育を行うとともに，発達障がいをはじめとした特別のニーズのある子どもについて適切に対応することが基本方針として盛り込まれた。さらに，中央教育審議会によって「特別支援教育を推進するための制度の在り方について」の答申がなさ

れ，国や地方公共団体の責務や特別支援教育の具体的な仕組みなどが次第に形をなしてきた (注23)。そして，2007年4月，旧来の特殊教育に代わり，特別支援教育が正式に実施され，これと同時に文部科学省より「特別支援教育の推進について」が通知の形で提示され，初等中等教育における特別支援教育の基本方針が示された (注24)。

こうした流れに沿って法律の整備も行われた。2004年には発達障害者支援法が成立し翌年施行され，さらに，2006年には教育基本法，学校教育法が改正され，これまでの別個に規定されていた盲学校，ろう学校，養護学校がそれぞれの実情やニーズにあった特別支援学校として統合的，弾力的に設置されることが可能となった。

さて，特別支援教育とは「障害のある幼児児童生徒の自立や社会参加に向けた主体的な取組を支援するという視点に立ち，幼児児童生徒一人一人の教育的ニーズを把握し，その持てる力を高め，生活や学習上の困難を改善又は克服するため，適切な指導及び必要な支援を行うものである (注24)」とされる。

旧来の特殊教育では，それぞれの障がいについて，その特徴を把握しそれに応じた教育を行ってきたが，そこには障がいのある児童・生徒とそれ以外の児童・生徒との間に明確な線引きがあった。しかし，特別支援教育では，障がいのある児童・生徒を個人レベルで把握し，その一人ひとりのニーズに対応してゆくことを基本としている。一人ひとりのニーズの領域，程度は非常に多様なもので，比較的軽微なものもある。そうしたことまで考えると障がいのない者と本質的に大きな違いがあるわけではない。

一方，学級崩壊や小1プロブレムなどが話題になるなかで，全国の小中学校の通常学級を対象とした文部科学省の調査では，知的発達に遅れはないものの学習面や行動面で著しい困難を示す，と担任教師が回答した児童・生徒の割合が6.3％におよぶという結果が報告された。そして，この多くが，ADHD，LD，自閉スペクトラム症などの何らかの発達障がいの可能性があり，特別な教育的支援を必要とする児童・生徒であるとされた (注25)。

こうした結果も含めて考えてゆくと，旧来のように，児童・生徒を障がいの有無でカテゴリーとして分ける意味がなくなってきた。むしろ，両者の境

界線を取り払い，連続線上のものとして考えるほうが現実的になってきた。それを裏付けるように文部科学省も「特別支援教育は，これまでの特殊教育の対象の障害だけでなく，知的な遅れのない発達障害も含めて，特別な支援を必要とする幼児児童生徒が在籍する全ての学校において実施されるものである[注24]」と述べている。

　特別支援教育や発達障がいは，旧来は通常学級の教育ではあまり関係がないと考えられてきたが，このようにして，今や，教育に関わる誰もが避けて通れない問題となった。そうした流れのなかで，多くの教師が特別支援教育や発達障がいに関心をもち，情報を欲するようになってきたのである。

　さて，本書の主題は教育相談や精神保健にあるから，読者の多くが期待しているのは，特別支援教育のなかでも制度や教育方法ではなく，むしろ，発達障がいに関することがらであろう。

　発達障がいという診断を下されるケースが近年増加してきていることはよくいわれることである。第２章（62頁）でも述べたが，20年ほど前までは自閉症という診断名をつけられるケースは子ども全体の0.1から0.2％ほどであったが，前述の文部科学省の調査の2012年の結果[注25]では「対人関係やこだわり等の問題を著しく示す」児童・生徒（つまり，自閉スペクトラム症と思われる児童・生徒は）が実に1.1％におよぶという。この増加は驚くべきものがある。これは，もちろん，特別支援教育の実施によって発達障がいに関心がもたれるようになったという事情もあるが，それだけではない。アメリカ精神医学会の診断基準の改訂（第２章参照）によって自閉症の診断基準として，症状のないケースからごく軽い症状のケース，そして，症状の比較的重いケースに至るまでが連続線をなしているとみなすスペクトラムの考え方が取り入れられたことも大きな要因としてあるだろう。実際にアメリカの統計でも，自閉スペクトラム症の有病率は１％を超えるとされている[注26]。

　しかし，そうした特別支援教育に対する関心の高まりや疾病概念や診断基準の変化だけで，発達障がいがこれほど増加してきている状況を説明できるかといえば，やはり，そうでないように思える。小児神経科医である小西行郎は，発達障がいの爆発的な増加は，むしろ，社会的要因によると考えている[注27]。それによれば，少子化の進行によって，子どもは「育つ」ものか

ら「育てる」ものととらえられるようになり，一人ひとりの子どもに対する親の関心や注目度は高くなり，こうしたことが，子どもの問題に目がつきやすい状況をつくっているという。また，情報化，スピード化，合理化などの時代変化，競争社会の中で勝ち組負け組を意識させられるような環境も，子どもや親に集団や社会に無理に適応しなくてはならない状況をつくりだしているという。

　また，小西は，1980年代以降の教育改革のなかで，子どもの個性に合った個別的ニーズに対応しようという動きが加速したことも，発達障がいが増えた遠因とみている。子どもを個別的にみてゆこうという傾向は，意図せずして，子どものあら探しを助長することになり，それは結果的に子どもの発達に対する許容範囲を狭めて，子どもの社会性が育つ場を奪っている。そして，そうした状況をつくりだしながら「社会性のない子どもが増えた」と大騒ぎしているというのである。特別支援教育においても障がいのある児童・生徒一人ひとりのニーズを正確に把握し，教育上の視点から適切に対応していくため個別の教育支援計画を立てることが重視されているが，その個別の教育支援計画もやり方次第ではこうした危惧を招きかねないのである。

　一般に，発達障がいは何らかの脳の機能障がいが原因とされ，実際にそうした方向で研究も進んでいるし，教育相談に関わる者としてもそうした研究の動向からは目を離せなくなっている。しかし，その一方で，社会的な影響を知らず知らずに受けながら，日々の業務を行わなくてはならない状況にあることもまた事実である。一人ひとりの子どもの障がいをどう考え，対応すべきかといった個別の判断にもそうした影響があることは，気に留めておくべきことなのではないかと思う。

むすびにかえて

　本書の初版が刊行されたのは2000年の初頭だから，すでに15年が経過している。二度の改訂を通して気づいたのは，著者は，本書の構成自体は大きく変更しようという意図がないにもかかわらず，その内容はいつのまにか大きく変わっていることである。今回，第6章は，全面的に改稿することになった。第6章で扱った4つの話題のうち，特別支援教育や発達障がいについては前の版でも触れたが，他の3つの話題については今回はじめて取り上げることになった。こうしてみると，教育相談や生徒指導といった学校内の出来事が，いかに時代や社会の影響を受けているかがわかる。繰り返しになるが，そうした影響は知らず知らずのうちに忍び寄ってくるもので，日ごろの業務に忙殺されるなかでは，なかなか，意識しにくいものでもある。教育相談や生徒指導に関わる者として，日ごろから，新しい情報に意識して注意を払っておくことはますます必要になってくるのではないかと思う。

　しかし，その一方で，最新の情報をすべて鵜呑みにするのも問題がないともいえない。本書の初版が刊行されたころは，教育界のみならず，社会全体がかつてない心理学ブームで沸き立っていた。学校でもスクールカウンセラーが順次導入され，"こころの教育"というキャッチフレーズが至る所で取り上げられていた。そして，児童・生徒の不適応や問題行動は，心のなかにある何ものかによって引き起こされているとされ，この何ものかを特定し一人ひとりが自覚してゆくことで，問題は解決すると信じられていた。しかし，それから10年たった今，そうした心理主義的な視点から理解されてきた児童・生徒の不適応や問題行動は，今度は，発達障がいという脳の機能の不調に帰せられるようになった。わずか10年あまりの間に同じ現象を理解する視点が完全に異なってしまったのである。

　もちろん，心理主義的な視点からの理解にしても発達障がいという視点からの理解にしても，それぞれ，学問的，実証的な裏付けがあるわけで，単なる思いつきとは違うことはいうまでもない。しかし，ここまで大きな変化が

あると，それぞれの見解をどこまで信じるべきなのか，些か疑問をもたざるを得ないことも確かである。

　では，そういう状況に直面して，何をどうすべきなのであろうか。著者も，それに対する解答をすぐにもち合わせているわけではないが，あえて，言えば常識的なセンスを失わないようにすること，なのではないかと思う。普段の教育活動のなかで感じている感覚，どこかおかしいと思う感覚，これこそぴったりだと思う感覚，そうしたものを誰もがもち合わせているのではないかと思う。情報過多や多忙さに紛れるとこうした感覚はとかく鈍ってしまうのだが，それを失わないことこそが，まず，何より大切なことのように思える。自戒の念も込めてこのことを強調し，本書を締めくくりたいと思う。

参考図書・文献

　ここでは，著者が本書の初版以来，執筆に際して多く参照したものや，読者がそれぞれの章の内容についてさらに詳しく知りたいときに参考にするとよい図書や文献を列挙し，それぞれに簡単なコメントを付けた。このたびの改訂にあたって，以前の版で紹介していた書籍の多くは今や古くなっていたので，できるだけ新しいものに入れ替えた。また，今回も，本書の入門書としての性格を考え，洋書や専門雑誌論文などはあえて載せなかった。ここで紹介するものの多くは書店などで簡単に入手可能なものである。もちろん，中には絶版になっているものもあるが，それらも大学図書館などで比較的簡単に見つけられるのではないかと思う。なお，これらは筆者が一人で探したものでかなりの見落としもあると思う。勉強を続けたい読者は自分で積極的に良書をみつけて欲しい。

　なお，第1章，第3章，第6章などで多く紹介した統計資料，文部科学省などの官公庁の報告書等は多くが冊子として販売されているが，たいていは同じものがインターネット上でダウンロードできるようになっている。それらも，ここで紹介する図書と同様に，有益な参考資料となるであろう。

第1章
■ 尾木和英・有村久春・嶋崎政男（著）　2011　生徒指導提要を理解する実践する　学事出版
　　（生徒指導や教育相談の基本的事項について項目別に簡潔にまとめたもの。必ずしも，生徒指導提要の目次の項目順に沿って編集されているわけではないが，関心のある項目を必要に応じて読んでみることができるので便利）
■ かしまえりこ・神田橋條治　2006　スクールカウンセリング　モデル100例　読みとる。支える。現場の工夫。　創元社
　　（スクールカウンセラーの現場での実践を100のケースとしてまとめたもの。本書では個別のケース，実践例については原則として扱わなかったので，それを補う意味でも役に立つのではないかと思う）
■ 清水将之（編）　1995　生徒のこころを支える―養護教諭のはたらき（心の科学64）　日本評論社

（養護教諭の教育相談活動を理念，制度，実践の各側面から論じた小論がうまく集められている。また，学校精神保健についての小論も興味深い）
■ 高野久美子　2012　教育相談入門―心理援助の定点―　日本評論社
（教育相談の現場経験をもとに，著者なりの立場から教育相談に関するトピックを選び出し論じた好著）
■ 文部科学省　2010　生徒指導提要　教育図書（インターネットからのダウンロードも可）
（生徒指導や教育相談に関する公的な指針をまとめたもので，この領域を学ぶにあたっては，まず，手許に置いておきたい基本資料）

第2章

■ American Psychiatric Association（日本語版用語監修：日本精神神経学会　監訳：高橋三郎・大野　裕）　2014　DSM-5 精神疾患の診断・統計マニュアル　医学書院
（DSMの最新版の邦訳。各疾患の定義，診断基準にはじまり有病率などの統計的な情報まで網羅されているが，大部なものであり，よほど関心のある者以外は，次の手引きを用意すれば十分なのではないかと思う）
■ American Psychiatric Association（日本語版用語監修：日本精神神経学会　監訳：高橋三郎・大野　裕）　2014　DSM-5 精神疾患の分類と診断の手引　医学書院
（DSMのうち診断基準の部分のみを抽出し，コンパクトにまとめたもの）
■ カトナ，C.・クーパー，C.・ロバートソン，M.（島　悟・荒井　稔・荒井りさ訳）　2011　図説精神医学入門　第4版　日本評論社
（精神・行動の障がいを簡潔に整理し解説した入門書だが，残念なことにDSM-5に対応していない。今後の改訂が期待されるところである）
■ 神庭重信（総編集）　2014　DSM-5を読み解く―伝統的精神病理 DSM-IV ICD-10をふまえた新時代の精神科診断（全5巻）　中山書店
（DSM-5に沿って，それぞれの疾患の疾患概念の成立の歴史，研究の発展，診断の実際などについて内外の文献を広く引用し解説したシリーズ。専門的だが，とくに関心のある箇所だけ読んでも参考になる）
■ 中村義行・大石史博　2013　障害臨床学ハンドブック（第2版）　ナカニシヤ出版
（特別支援教育の対象となる各種障がいの臨床像やその支援についてコンパクトにまとめたもの。DSM-5の日本語版の出版前に出されたもので，十分とは言えないが，DSM-5に対応しようという配慮も行われている）
■ 沼　初枝　2014　心理のための精神医学概論　ナカニシヤ出版
（書名のとおり精神科医以外の職種向けの精神医学の概論書。とくに，精神疾患の症状を意識，感情，知覚，思考などといった各機能の水準からとらえるという視点は，臨床経験を積んだ著者ならではのもの。DSM-5にも一定程度対応してい

る)

■ 森　則夫・杉山登志郎（編）　2014　DSM-5対応　神経発達障害のすべて（こころの科学増刊号）日本評論社
（DSM-5ではじめてつくられたカテゴリー，神経発達障がいに属する障がいの研究の動向をコンパクトにまとめたもの）

■ 森　則夫・杉山登志郎・岩田泰秀（編著）　2014　臨床家のためのDSM-5 虎の巻　日本評論社
（DSM-5の解説書としていち早く出版されたもの。編者が児童精神医学の専門家ということもあり，とくに児童・生徒の疾患，障がいについての記述は参考になる）

第3章

■ 伊藤茂樹（編）　2007　リーディングス　日本の教育と社会　第8巻　いじめ・不登校　日本図書センター
（いじめ，不登校に関する論文を集めたもの。主に教育学，教育社会学の領域のものが多い。専門家向き）

■ 稲村　博（著）　1994　不登校の研究　新曜社
（不登校に関する内外の基本文献を網羅的に収集し，論じた不登校研究の基本書。出版から20年以上を経過し古くなった点もあることは否めないが，現在でも，一定の価値はもっている。研究者向き）

■ 魚住絹代（著）　2013　子どもの問題　いかに解決するか―いじめ，発達障害　不登校　非行　PHP研究所
（豊富な臨床経験をもつ著者が，自分なりの子どもの問題との関わり方をわかりやすくまとめたもの）

■ 尾木直樹（著）　2013　いじめ問題をどう克服するか　岩波書店
（マスコミにもよく登場する教育評論家の著書だが，長年，この問題と関わって来ただけあって，読んで無駄にはならないと思う）

■ 共同通信大阪社会部（著）　2013　大津中2いじめ自殺―なぜ学校は目をそむけたのか　PHP研究所
（大津のいじめ自殺事件に関する記事をもとに再構成したもの。このケースをめぐってどのような出来事があり，どのような対応がなされたか，再確認するためにも一読の価値はある）

■ 齊藤万比古（編）　2011　発達障害が引き起こす不登校へのケアとサポート　学研教育出版
（近年，よく話題になる発達障がいと不登校の関係について扱った一冊）

■ 滝川一廣（著）　2012　学校へ行く意味・休む意味―不登校ってなんだろう？―　日本図書センター
（不登校について，臨床的な問題のみならず，戦後の学校教育の歴史をたどりながら，その意味について考察したもの。近年，不登校に関する書物が減るなかで

興味深い一冊）
- 内藤朝雄（著）　2012　いじめ加害者を厳罰にせよ　ベストセラーズ
（いじめ問題について独自の視点をもつ著者の一冊。著者の意見には賛否両論あろうが，とりあえず触れてみるのも悪くはない）
- 村山士郎（著）　2012　いじめで遊ぶ子どもたち：子どもたちに安心と信頼の生活世界を　新日本出版
（大津のいじめ自殺事件を中心に取り上げ，近年のいじめ問題について著者なりの意見をわかりやすく簡潔にまとめたもの）
- 森田洋司（著）　2010　いじめとは何か―教室の問題，社会の問題　中央公論新社
（いじめ研究の第一人者が長年の成果をまとめたもの。心理学出身者が多い教育相談関係者にとって，教育社会学者による著書はとっつきにくい面もあるが，いじめの問題について扱うときは読むべき一冊）

第4章

- 安住ゆう子（編著）　2014　子どもの発達が気になるとき読む心理検査法入門―特性にあわせた支援のために　合同出版
（発達障がいのケースを想定し幼児・児童を対象に主なテスト，とくに，知能検査の使い方をやさしく解説したもの。ケースの紹介なども参考になる）
- 氏原　寛・亀口憲治・馬場禮子・岡堂哲雄・西村洲衞男・松島恭子（編）　2006　心理査定実践ハンドブック　創元社
（市販されている心理テストのほとんどのほか，市販されていないがよく用いられている質問紙等も加え，網羅的に概要を紹介している）
- 願興寺礼子・吉住隆弘（編）　2011　心理検査の実施の初歩（心理学基礎演習5）ナカニシヤ出版
（心理テストの考え方や主要な検査の実施法，臨床場面における実施例などをわかりやすくまとめたもの）
- 松原達哉（編）　2013　臨床心理アセスメント　新訂版　丸善出版
（内外で出版されている心理テストを網羅的に取り上げたガイドブック。心理テスト一般に関する基本的な事項や，統計手法などについても簡単に紹介されている）
- 村上宣寛・村上千恵子（著）　2008　改訂　臨床心理アセスメントハンドブック　北大路書房
（心理テストの妥当性，信頼性，面接法などに加え，主要な心理テストを解説したもの。個々のテストの妥当性についての辛口のコメントは著者ならでは）
- 渡辺　洋（編）　1993　心理検査法入門　福村出版
（心理検査の信頼性，妥当性に関する考え方や統計処理の方法に詳しい）

第5章

- 乾　吉佑・氏原　寛・亀口憲治・成田善弘・東山紘久・山中康裕（編）　2005　心理療法ハンドブック　創元社
  （「第Ⅱ部　理論と技法」で主な心理療法の理論が網羅され解説されているほか第Ⅲ部　領域と対象」では，相談機関ごとの心理療法の実際が解説されている）
- 岩井　寛（著）　1986　森田療法　講談社
  （一般向けだが森田療法の第一人者によるすぐれた入門書）
- 内山喜久雄（著）　1988　行動療法（講座　サイコセラピー２）　日本文化科学社
  （行動療法の理論とさまざまな技法を簡潔にまとめたもの。入門書として最適。現在は絶版だが，多くの大学図書館などには所蔵されている）
- エレンベルガー, H.（著）（木村　敏・中井久夫監訳）1980　無意識の発見―力動精神医学発達史（上・下巻）―　弘文堂
  （メスメルからフロイト，アドラー，ユングに至る無意識の心理学をまとめた基本書。大部だが臨床心理学を専門的に勉強する者にとっては必読書といわれている）
- 大野　裕（著）　2011　はじめての認知療法　講談社
  （認知療法の第一人者による実践的な入門書）
- 河合隼雄（著）　1969　箱庭療法入門　誠信書房
  （箱庭療法の専門的な入門書）
- 河合隼雄（著）　2009　ユング心理学入門　岩波書店
  （多数あるユング心理学の入門書のなかでも定評あるもの。もとは1967年に単行本として刊行された）
- 久能　徹・末武康弘・保坂　亨・諸富祥彦（著）　2006　改訂　ロジャーズを読む　岩崎学術出版社
  （ロジャーズの主要著作の内容と理論の概要が，年代を追って解説されている）
- 窪内節子・吉武光世（著）　2003　やさしく学べる心理療法の基礎　培風館
  （主要な心理療法の理論とその歴史が解説され，さらに，簡単にできるエクササイズも設けられている）
- 清水 栄司（監修）　2010　認知行動療法のすべてがわかる本（健康ライブラリーイラスト版）　講談社
  （認知行動療法について一般向けに解説したもの）
- 下山晴彦・林　潤一郎（編）　2012　迷わず学ぶ認知行動療法ガイドブック　岩崎学術出版社
  （認知行動療法に関する書物は，近年，非常に多数が出版されており，どれから読めばよいか迷う読者も多いはず。そうした読者に向けて主要な認知行動療法関係の著書をレビューしたもの）
- スチュアート, I.・ジョインズ, V.（著）（深沢道子 監訳）　1994　TA TODAY―最新・交流分析入門　実務教育出版

（交流分析の詳しい入門書として定評のあるもの）
■ 高野清純（著）　1988　プレイセラピー（講座　サイコセラピー 6）日本文化科学社
（遊戯療法のコンパクトな入門書。現在は絶版だが，多くの大学図書館などには所蔵されている）
■ 田中千穂子（著）　2011　プレイセラピーへの手びき―関係の綾をどう読みとるか　日本評論社
（長い実践経験をもつ著者の経験に裏打ちされたプレイセラピー論）
■ 長尾　博（著）　2014　やさしく学ぶ認知行動療法　ナカニシヤ出版
（認知行動療法の理論の基礎，主要な疾患への適用法などを平易に簡潔に解説）
■ 前田重治（著）　1985　図説　臨床精神分析　誠信書房
（フロイトの精神分析のわかりやすい入門書）
■ 妙木浩之（著）　2000　フロイト入門　筑摩書房
（フロイトの生涯と思想，心理療法などについて簡潔にまとめたもの。品切れだが古書として入手は容易）
■ 山蔦圭輔（著）宮城まり子（監修）　2014　基礎から学ぶカウンセリングの理論　産業能率大学出版部
（主な心理療法の理論に加え，検査法の概要，主要な精神疾患について，平易に解説している）
■ ユング他（著）（河合隼雄監訳）　1975　人間と象徴―無意識の世界―（上・下巻）河出書房新社
（難解なものが多いユングの著作のなかで入門書的なもの。ユング心理学に興味のある者はこの書を繰り返し読むことからはじめるとよい）

第 6 章
■ 阿部　彩　2008　子どもの貧困―日本の不公平を考える　岩波書店
（子どもの貧困の実情について，社会保障や公的扶助に関する政策の専門家としての立場からまとめたもの。子どもの貧困に関するデータの読み方がよくわかる）
■ 阿部　彩　2014　子どもの貧困Ⅱ―解決策を考える　岩波書店
（同じ著者による上記の著書の続編。ここでは，貧困解決のためのさまざまな政策の有効性を検討している）
■ 石川結貴　2011　誰か助けて―止まらない児童虐待　リーダーズノート
（いくつかのケースの取材を通して，虐待の実態に迫ったレポート）
■ 江澤和雄　2013　教職員のメンタルヘルスの現状と課題　国立国会図書館　レファレンス　平成25年1月号　3-28頁
（教師のメンタルヘルスに関する日本国内の文献を平易に展望したもの。http://dl.ndl.go.jp/view/download/digidepo_6019125_po_074402.pdf?contentNo=1 よりダウンロードできる）
■ 共同通信「虐待」取材班　2014　ルポ虐待の連鎖は止められるか　岩波書店

（比較的深刻な虐待のケースをレポートしているが，虐待の被害者の心理をうかがい知ることができるだろう）
- 小西行郎　2011　発達障害の子どもを理解する　集英社
（発達障がいに長い臨床経験をもつ小児神経科医ならではの意見には，耳を傾けるべきものがある）
- 柘植雅義　2013　特別支援教育―多様なニーズへの挑戦　中央公論新社
（特別支援教育の歴史，国内外の現状などから，教育現場での実際，いくつかの自治体での実践例，研究の動向など広範囲にわたり扱っている。新書版だが内容は充実している）
- 中島一憲　2003　先生が壊れてゆく―精神科医のみた教育の危機―　弘文堂
（教師のメンタルヘルス研究の第一人者だった精神科医によるもの。絶版だが古書店などでは入手できる）
- 西澤　哲　2010　こども虐待　講談社
（虐待の心理学的研究，支援の第一人者による著書。虐待の被害者への心理療法などについても知ることができる）
- 保坂　渉・池谷孝司　2012　ルポ　子どもの貧困連鎖：教育現場のSOSを追って　光文社
（子どもの貧困に関するケースをレポートした新聞記事をまとめたもの）
- 山野良一　2014　子どもに貧困を押しつける国・日本　光文社
（子どもの貧困の統計データの解釈，貧困政策の実情などについて解説。児童相談所勤務など現場での経験もある著者ならではの視点もある）

（以上，それぞれの章のなかでの配列は著者名の50音順）

注

第1章
1) 文部科学省　2008　中学校学習指導要領　特別活動編
   http://www.mext.go.jp/component/a_menu/education/micro_detail/__icsFiles/afieldfile/2011/01/05/1234912_014.pdf
2) 文部科学省　2010　生徒指導提要
   http://www.mext.go.jp/b_menu/houdou/22/04/1294538.htm
3) 文部省　1991　小学校生徒指導資料7　小学校における教育相談の進め方
4) 文部省　1990　生徒指導資料　第21集　学校における教育相談の考え方・進め方―中学校・高等学校編―
5) これまで，わが国では心理学や教育相談に関する資格は法律に基づく国家資格が存在せず，臨床心理士のような学会関係者が中心になって認定する資格を国家資格に準じて扱っていた。そうしたなかで関係者の長年の尽力もあり，2015年の第189回国会において公認心理師法案が提出され，可決，成立し，同年9月16日に公布された。今後は，公認心理師が心理学に関する国家資格として正式に制度化されることとなった。2016年5月現在，スクールカウンセラーなどの教育相談関係の資格として公認心理師をどのように位置づけるかは明確にされていないが，将来的には臨床心理士に代わる資格として，教育相談，スクールカウンセリングの在り方にも影響をおよぼすことは間違いないだろう。
6) 文部科学省　2007　児童生徒の教育相談の充実について―生き生きとした子どもを育てる相談体制作り―（報告）
   http://www.mext.go.jp/a_menu/shotou/seitoshidou/kyouiku/houkoku/07082308.htm
7) 文部科学省　2005　教職員配置等の在り方に関する調査研究協力者会議（第3回）配付資料
8) 文部科学省　2006　学校等における児童虐待防止に向けた取組について（報告書）
   http://www.mext.go.jp/a_menu/shotou/seitoshidou/06060513/001.htm　などによる。
9) 文部科学省　2013　平成25年度スクールソーシャルワーカー活用事業実施要領
   http://www.mext.go.jp/a_menu/shotou/seitoshidou/__icsFiles/afieldfile/2013/10/21/1340480_05.pdf
10) 大島　剛・山野則子　2009　児童相談所児童心理司の業務に関する一考察　関西学院大学人間福祉研究, **2**(1), 19-33.
    http://www.kwansei.ac.jp/s_hws/attached/0000007288003.pdf
11) 厚生労働省　2005　児童相談所運営指針の改正について
    http://www.mhlw.go.jp/bunya/kodomo/dv-soudanjo-kai-honbun.html
12) 徳山美智子　1995　学校精神保健のなかの養護教諭　こころの科学, **64**, 22-29.

第 2 章

1) "障がい"は，一般には障"害"と表記されることが多く，本章で取り上げる DSM-5 の日本語版においてもさまざまな精神疾患の病名は障"害"と漢字表記されている。しかし，近年，"害"という文字がもつ意味を問題視し，あえてひらがなで障"がい"と表記することも多くなっている。そこで，本書でもそれに従うこととした。
2) American Psychiatric Association（日本語版用語監修：日本精神神経学会　監訳：高橋三郎・大野　裕）　2014　DSM-5 精神疾患の診断・統計マニュアル　医学書院
（以下，第 2 章の脚注では DSM-5 と略して表記する）
3) 笠原嘉　1998　精神病　岩波書店
4) 中尾晃　1997　新児童精神医学入門　金剛出版
5) DSM-5　p.130.
6) DSM-5　p.166.
7) 傳田健三　2007　子どものうつ病　母子保健情報　55 号　pp.69-72.
8) DSM-5　p.157.
9) DSM-5　p.197.
10) DSM-5　pp.656-657.
11) 阿部隆明　2013　双極性障害とパーソナリティ障害―境界性パーソナリティ障害との関係を中心に―　日本精神神経学会学術総会第 108 回シンポジウム（精神神経学雑誌総会特別号　SS66-74.）
12) DSM-5　pp.37.
13) 清水将之　2010　子どもの精神医学ハンドブック　日本評論社　p.49
14) DSM-5　p.54.
15) 文部科学省　2012　通常の学級に在籍する発達障害の可能性のある特別な教育支援を必要とする児童生徒に関する調査結果について
http://www.mext.go.jp/a_menu/shotou/tokubetu/material/__icsFiles/afieldfile/2012/12/10/1328729_01.pdf
16) DSM-5　p.60.
17) 原田謙　2010　ADHDと素行障害　精神科治療学, **25**, 779-778, 齊藤万比古・青木桃子　ADHDの二次障害　精神科治療学, **25**, 787-792 など。
18) 杉山登志郎・山村淳一　2010　ADHDと子ども虐待　精神科治療学, **25**, 803-808.
19) PSM-5　p.69.
20) 小枝達也　2014　局限性学習症　森　則夫・杉山登志郎（編）DSM-5 対応　神経発達障害のすべて　日本評論社　pp.85-89.
21) PSM-5　p.74.
22) DSM-5　p.335.
23) DSM-5　p.350.

第 3 章
1) 文部省編　1979　生徒指導資料第14集，生徒の問題行動に関する基礎資料―中学，高等学校編―
2) 文部省編　1976　生徒指導資料第12集，精神的な適応に関する諸問題―中学校編―
3) 文部省　1992　学校不適応対策調査研究協力者会議報告（概要）
   http://www.mext.go.jp/b_menu/shingi/chukyo/chukyo3/siryo/06042105/001/001.htm
4) Broadwin, I. T.　1932　A contribution to the study of truancy. *American Journal of Orthopsychiatry*, **2**, 253-259.
5) 平井信義　1978　登校拒否児―学校嫌いの理解と教育―　新曜社
6) 稲村　博　1988　登校拒否の克服　新曜社
7) 文部省　1997　生徒指導資料第22集　登校拒否への取り組みについて―小学校・中学校編―
8) 文部省　1993　登校拒否問題への対応について
   http://www.mext.go.jp/b_menu/hakusho/nc/t19920924001/t19920924001.html
9) 文部科学省　2003　不登校への対応の在り方について
   http://www.mext.go.jp/b_menu/hakusho/nc/t20030516001/t20030516001.html
10) 齊藤万比古　2011　発達障害が引き起こす不登校へのケアとサポート　学研教育出版
11) 文部科学省　2013　児童生徒の問題行動等生徒指導上の諸問題に関する調査の手引
12) 文部科学省　2007　「児童生徒の問題行動等生徒指導上の諸問題に関する調査」の見直しについて
    http://www.mext.go.jp/b_menu/shingi/chousa/shotou/040/shiryo/07052301/002.pdf
13) 村山士郎　2012　いじめで遊ぶ子どもたち―子どもたちに安心と信頼の生活世界を―　新日本出版社，共同通信大阪社会部　2013　大津中2いじめ自殺―なぜ学校は目をそむけたのか　PHP研究所，など。
14) 東京都教育庁　2013　平成24年度　インターネット・携帯電話利用に関する実態調査報告書
    http://www.kyoiku.metro.tokyo.jp/press/pr130627b/besshi2.pdf
15) 国立教育政策研究所　2013　いじめ追跡調査2010－2012　いじめQ＆A
    https://www.nier.go.jp/shido/centerhp/2507sien/ijime_research-2010-2012.pdf
16) 共同通信大阪社会部　2013　大津中2いじめ自殺―なぜ学校は目をそむけたのか　PHP研究所，尾木直樹　2013　いじめ問題をどう克服するか　岩波書店，などによる。
17) 森田洋司　2010　いじめとは何か：教室の問題，社会の問題　中央公論新社，正高信男　1998　いじめを許す心理　岩波書店，などによる。
18) 佐賀県中学校生徒指導連盟　2013　いじめに関する意識調査の結果と考察　―小6・中3の児童・生徒16000人のデータから―

http://www.saga-pta.jp/image/ijime2013-1.pdf
19） 森田洋司　2010　いじめとは何か：教室の問題，社会の問題　中央公論新社
20） 尾木直樹　2013　いじめ問題をどう克服するか　岩波書店
21） 村山士郎　2012　いじめで遊ぶ子どもたち：子どもたちに安心と信頼の生活世界を　新日本出版
22） 文部科学省　2015　平成26年度「児童生徒の問題行動等生徒指導上の諸問題に関する調査」における「いじめ」に関する調査等結果について
http://www.mext.go.jp/b_munu/houdou/27/10/_icsFiles/afieldfile/2015/11/06/1363297_01_1.pdf
23） 文部科学省　2001　出席停止制度の運用の在り方について（通知）
http://www.mext.go.jp/a_menu/shotou/seitoshidou/04121502/013.htm
24） 文部科学省　2013　いじめの防止等のための基本的な方針
http://www.mext.go.jp/a_menu/shotou/seitoshidou/1340770.htm
25） 文部科学省　2006　学校におけるいじめ問題に関する基本的認識と取組のポイント
http://www.mext.go.jp/a_menu/shotou/seitoshidou/06102402/002.htm
26） 文部科学省暴力行為のない学校づくり研究会　2011　暴力行為のない学校づくりについて（報告書）
http://www.mext.go.jp/b_menu/shingi/chousa/shotou/079/houkou/1310369.htm
27） 第3章の注1）を参照。
28） 以上の統計は，法務省　2014　平成26年度版　犯罪白書
（http://hakusyo1.moj.go.jp/jp/60/nfm/mokuji.html）
および，警察庁　2014　平成25年度中における少年の補導及び保護の概況
（https://www.npa.go.jp/safetylife/syonen/hodouhogo_gaiyou_H25.pdf）による。
29） 法務省　2005　平成17年度版　犯罪白書
http://hakusyo1.moj.go.jp/jp/51/nfm/mokuji.html
30） 法務省　2011　平成23年度版　犯罪白書
http://hakusyo1.moj.go.jp/jp/58/nfm/mokuji.html
30） 警察庁　2015　平成26年度中における少年の補導及び保護の概況
https://www.npa.go.jp/safetylife/syonen/hodouhogo_gaikyou_H26.pdf
31） 警察庁　2015　平成26年の薬物・銃器情勢
https://www.npa.go.jp/sosikihanzai/yakubutujyuki/yakujyuu/yakujyuu1/h26_yakujyuu_jousei.pdf

第4章

1） 日本語版のWIPPSI知能診断検査の販売は2014年で終了している。現在，最新版WIPPSI-Ⅲの翻訳，標準化作業がすすめられている。
2） 田中A-2式知能検査は，2016年現在，絶版。
3） この図は，WISCの旧版（WISC-Ⅲまで）の採点用紙のプロフィール欄に似せて作成したもの。現在刊行されているWISC-Ⅳはこれと異なる。

4）松原達哉　1995　最新 心理テスト法入門─基礎知識と技法習得のために　日本文化科学社

第5章
1）Wolple, J.　1973　*The practice of behavior therapy* (2nd ed.). New York: Pergamon Press. に記された手続きを著者が簡略化してわかりやすく記した。
2）Ayllon, T. & Azrin, N. H.　1965　The measurement and reinforcement of behavior of psychotics. *Journal of Experimental Analysis of Behavior*, **8**, 357-383. の実験3を著者がまとめたもの。

第6章
1）厚生労働省の報道発表による。
http://www.mhlw.go.jp/file/04-Houdouhappyou-11901000-Koyoukintoujidoukateikyoku-Soumuka/0000053235.pdf
2）厚生労働省　2007　子ども虐待対応の手引き
http://www.mhlw.go.jp/bunya/kodomo/dv12/00.html
3）第2章の注18）を参照。
4）戸田まり　2013　学童の虐待の現状と学校の役割　松本伊智朗（編著）　子ども虐待と家族─「重なり合う不利」と社会的支援　明石書店　pp.111-112.
5）畑　千鶴乃　2013　虐待の重症度と生活困難との関係　松本伊智朗（編著）　子ども虐待と家族─「重なり合う不利」と社会的支援　明石書店　pp.37-45.
6）たとえば，橘木俊詔　1998　日本の経済格差─所得と資産から考える─　岩波書店，など。
7）阿部　彩　2014　子どもの貧困Ⅱ─解決策を考える　岩波書店
8）以上の貧困が子どもにあたえる影響として紹介した例は，阿部　彩　2008　子どもの貧困─日本の不公平を考える　岩波書店，および，阿部　彩　2014　子どもの貧困Ⅱ─解決策を考える　岩波書店，の記述によった。なお，これらの例のもととなった研究の典拠は，阿部の2つの著書の参考文献欄に記されている。
9）保坂　亨　2009　学校を休む─児童生徒の欠席と教員の休職　学事出版
10）Fujiwara, T.　2013　Socioeconomic status and the risk of suspected autism spectrum disorders among 18-month-old toddlers in Japan: A population-based study. *Journal of Autism Developmental Disorder*, **8**;doi:10.1007/s10803-013-1988-3.
11）保坂　渉・池谷孝司　2012　ルポ　子どもの貧困連鎖：教育現場のSOSを追って　光文社
12）文部科学省　2013　平成25年度公立学校教職員の人事行政状況調査について
http://www.mext.go.jp/a_menu/shotou/jinji/1354719.htm
13）文部科学省　2012　教員のメンタルヘルスの現状
http://www.mext.go.jp/b_menu/shingi/chousa/shotou/088/shiryo/__icsFiles/afieldfile/2012/02/24/1316629_001.pdf

14）中島一憲　2006　教師のうつ―臨床統計からみた現状と課題　発達，**106**, 2-10.
15）中島一憲　2003　先生が壊れてゆく―精神科医のみた教育の危機―　弘文堂
16）宮下敏恵・森慶輔・西村昭徳・北島正人　2011　小・中学校教師におけるバーンアウトの現状：3回の調査を通して　上越教育大学研究紀要，**30**, 143-153.
17）国立大学法人　東京大学　2007　平成18年度文部科学省委託調査報告書　教員勤務実態調査（小・中学校）報告書
http://berd.benesse.jp/shotouchutou/research/detail1.php?id=3261
18）文部科学省教職員のメンタルヘルス対策検討会議　2013　教職員のメンタルヘルス対策について（最終まとめ）
http://www.mext.go.jp/b_menu/shingi/chousa/shotou/088/houkoku/1332639.htm
19）文部科学省　2015　学校や教職員の現状について
http://www.mext.go.jp/b_menu/shingi/chukyo/chukyo3/052/siryo/__icsFiles/afieldfile/2015/02/18/1355024_4.pdf
20）伊藤美奈子　2006　教師のバーンアウト―燃え尽きる教師たち　発達，**106**, 11-17.
21）芳田眞佐美・栗村昭子　2009　スクールカウンセラーによる教師のメンタルヘルス支援　関西福祉科学大学紀要，**13**, 91-108.
22）大芦　治　2008　教育相談学校精神保健の基礎知識（第二版）　ナカニシヤ出版
23）以上は，中央教育審議会　2005　特別支援教育を推進するための制度の在り方について（答申）
http://www.mext.go.jp/b_menu/shingi/chukyo/chukyo0/toushin/05120801/003.htm
などによる。
24）文部科学省　2007　特別支援教育の推進について（通知）
http://www.mext.go.jp/b_menu/hakusho/nc/07050101.htm
25）文部科学省　2003　通常の学級に在籍する特別な教育的支援を必要とする児童生徒に関する全国実態調査
http://www.mext.go.jp/b_menu/shingi/chousa/shotou/018/toushin/030301i.htm
なお，2014年に再調査が行われており，そこでは，知的発達に遅れはないものの学習面や行動面で著しい困難を示すと担任教師が回答した児童・生徒の割合は6.5パーセントと報告されている（下記のURLを参照）。
http://www.mext.go.jp/a_menu/shotou/tokubetu/material/1328729.htm
26）第2章の注14）を参照。
27）小西行郎　2011　発達障害の子どもを理解する　集英社

索　引

人名索引

[ア]
アイゼンク, H. J.　134, 158
アインシュタイン, A.　127
東 洋　129
アズリン, N. H.　162
アックスライン, V. M.　174
アドラー, A.　149, 150
アンナ, O.　146
稲村 博　78-80
岩本隆茂　166
ウィリアムソン, E. G.　2
ウェクスラー, D.　129, 130
ウォルピ, J.　161
内田勇三郎　137
エイロン, T.　162
エリクソン, E. H.　34, 35
エリス, A.　166
オールポート, G. W.　132

[カ]
カーク, S. A.　131
カウフマン, A. S.　131
カウフマン, N. L.　131
カルフ, D.　176
河合隼雄　176
ギルフォード, J. P.　133
クレペリン, E.　137
コッホ, K.　137
小西行郎　196, 197
小林正幸　166

[サ]
シュピールバーガー, C. D.　133
スキナー, B. F.　158

[タ]
ダス, J. P.　131
辻岡美延　133

[ナ]
西山 啓　34

[ハ]
パールズ, F.　177
バーン, E.　167
パヴロフ, I. P.　159
ハザウェイ, S. R.　133
バック, J. H.　137
ビアーズ, C. W.　31
ビネー, A.　128, 129
ピネル, P.　31
平井信義　77-80
ブロイアー, J.　146
フロイト, A.　149, 174, 176
フロイト, S.　143-153, 157, 158, 164, 167, 168, 174, 176, 179
ベック, A. T.　134, 165
ベラック, L.　136

[マ]
マーレー, H. A.　136
マイヤー, A.　31
前田重治　148
マコーヴァー, K.　137
マッキンリー, J. C.　133
松原達哉　133, 140
メスメル, F. A.　143
森田正馬　172, 173
モレノ, J. L.　140, 178

[ヤ]
ヤーキス, R. M.　131
山内光哉　34
ユング, C. G.　134, 149-152, 174, 176

[ラ]
ローエンフェルト, M.　176

ローゼンツヴァイク, S.　136
ロールシャッハ, H.　135

ロジャーズ, C. R.　152-157, 164, 178, 179

事項索引

[ア]
アーキ・タイプ　151
ITPA　131
アスペルガー障がい→自閉スペクトラム症
アセスメント　124
いじめ　91
　──と傍観者　100
　──の認知（発生）件数　92
　──の様態　95
　──防止対策推進法　104
異食症　68
依存性　118
　──パーソナリティ障がい（Dependent Personality Disorder）　57
医療機関　21
WISC-Ⅳ知能検査（Wechsler Intelligence Scale for Children; 1998）　130
WPPSI知能診断検査　130
運動症群/運動障がい群　66
ADHD（Attention-Deficit / Hyperactivity Disorder）→注意欠如・多動症/注意欠如・多動性障がい
ABCシェマ　166
疫学　30
エゴグラム　134
エス　147
SSRI（選択的セロトニン再取り込み阻害薬）　48
STAI（State-Trait Anxiety Inventory）　133
MMPI（Minnesota Multiphasic Personality Inventory）　133
LD（Learning Disability）→限局性学習症
演技性パーソナリティ障がい（Histrionic Personality Disorder）　56
オペラント条件づけ　159

[カ]
絵画統覚検査　136

改訂版鈴木・ビネー式知能検査　128
開発的機能　32
回避・制限性食物摂取症/回避・制限性食物摂取障がい　67
回避性パーソナリティ障がい（Avoidant Personality Disorder）　57
外部の相談機関　21
解離症群/解離性障がい群　49, 51
解離性健忘　51
解離性同一症　183
カウンセリング・マインド　18
学習障がい→限局性学習症
過食性障がい　68
学級担任　8
感情の伝え返し　16
管理職　8
キャッテル・ホーン・キャロル（CHC）理論　130
CAT　136
急性型　77, 78
急性ストレス障がい（Acute Stress Disorder）　53
教育研究所　26
教育センター　26
教育相談所　21, 26
教育相談担当　8
境界性パーソナリティ障がい（Borderline Personality Disorder）　36, 55, 58
境界例　55
共感的理解　16, 154
教師のメンタルヘルス　189
強迫症/強迫性障がい　50
強迫症および関連症群　50
強迫性パーソナリティ障がい（Obsessive-Compulsive Personality Disorder）　57
虚偽尺度　132
キレる　112
ぐ犯行為　114

クライエント　153
　　——中心療法　152
K-ABC Ⅱ　131
警察関連の相談機関　27
傾聴　16
系統的脱感作（systematic desensitization）　161
ゲシュタルト療法　177
月経前不快気分　47
限局性学習症/限局性学習障がい　65, 84, 195
限局性恐怖症（Specific Phobia）　49
言語症/言語障がい群（Language Disorder）　60
5因子性格検査（NEO）　134
行為障がい　64, 69
公衆衛生学　30
構造的面接　126
行動療法　158
広汎性発達障がい→自閉スペクトラム症
交流分析　167
語音症/語音障がい（Speech Sound Disorder）　60
個人情報の保護　15
個人的無意識　150
個性化　152
古典的条件づけ　159
子どもの貧困　185
個別指導　2
コミュニケーション症群/コミュニケーション障がい群　60

[サ]
猜疑性パーソナリティ障がい　54
作業検査　126
作為症/虚偽性障がい　52
自我同一性　35
自己愛性パーソナリティ障がい（Narcissistic Personality Disorder）　56, 58
自己解決　17
シゾイドパーソナリティ障がい/スキゾイドパーソナリティ障がい　54
質問紙法（questionnaire method）　132
児童虐待　181
　　——防止法　183

自動思考　165
児童相談所　21, 26
自閉スペクトラム症/自閉症スペクトラム障がい　33, 61, 62, 84, 187, 195
自閉性障がい（自閉症）　61
社会的（語用論的）コミュニケーション症/社会的（語用論的）コミュニケーション障がい（Social Pragmatic Communication disorder）　60
社会不安症/社会不安障がい（社交恐怖）（Social Anxiety Disorder Social Phobia）　49-51
醜形恐怖症/身体醜形障がい　51
集団指導　2
集団療法　177
重篤気分調節症（Disruptive Mood Dysregulation）　47
自由連想法　146
受容　16
小児期発症流暢症/小児期発症流暢障がい（吃音）（Childhood-onset Fluency Disorder）（stuttering）　60
少年鑑別所　27
少年犯罪　114
食行動障がい　67
触法行為　114
人格　132
神経症　48
神経性過食症/神経性大食症（Bulimia Nervosa）　36, 67
神経性やせ症/神経性無食欲症（Anorexia Nervosa）　36, 67
神経発達症/神経発達障がい　59
心身医学　30
身体症状症および関連症群　49, 52
診断　123
心的外傷およびストレス因関連障がい群　49, 69
心的外傷後ストレス障がい（Posttraumatic Stress Disorder : PTSD）　52
信頼性　124
心理劇　178
心理・社会的危機　34
心療内科　30
心理療法　143

事項索引

スキーマ　165
スキゾイドパーソナリティ障がい→シゾイドパーソナリティ障がい
スクールカウンセラー　21
　──活用調査研究委託事業　22
　──等活用事業　22
スクールソーシャルワーカー　21, 24
性格　132
　──検査　126
生産性　35
精神医学　30
精神衛生　31
精神障害型　78
精神病性障がい（Psychotic Disorders）　41
精神分析　146
生徒指導　1
　──提要　1, 2
摂食障がい　34, 66
選択性緘黙　68
　──症　49
全般不安症/全般性不安障がい　49, 50
全米精神衛生委員会　31
双極Ⅰ型障がい　45
双極Ⅱ型障がい　45
双極性障がい（Bipolar Disorders）　44, 58
測定　123
素行症/素行障がい　64, 69
ソシオメトリック・テスト　140
育てる（発達促進的・開発的）教育相談　6

[タ]
怠学型　78
対人恐怖症　50
太母　151
ダウン症　33
多重人格障がい　51
脱抑制型対人交流障がい　69
妥当性　124
田中ビネー式知能検査（Ⅴ）　128
チック症/チック障がい群　66
秩序破壊的・衝動制御・素行症群（Disruptive Impulse-Control, and Conduct Disorders）　69
知的能力障がい群　59
知能検査　126
知能指数　127
注意欠如・多動症/注意欠如・多動性障がい　63, 84, 184, 195
超自我　147
治療的機能　32
DSM-5　39, 43
DN-CAS　131
適応障がい（Adjustment Disorders）　53
適性検査　127
投影法　135
登校刺激　88
統合失調型パーソナリティ障がい（Schizotypal Personality Disorder）　55
統合失調スペクトラム　43
統合失調症　34, 41
トゥレット症/トゥレット障がい（Tourette's Disorder）　66
トークン・エコノミー法（token economy）　162
特別支援教育　194

[ナ]
24時間いじめ相談ダイヤル　109
日本心理臨床学会　21
日本臨床心理士資格認定協会　21
人間中心のアプローチ　153
認知行動療法　163
認知療法　165

[ハ]
パーソナリティ障がい　40, 53
排泄症群　66, 68
バウム・テスト　137
箱庭療法　176
発達　33
　──検査　126
　──指数　138
　──障がい　84, 184, 194
　──障害者支援法　195
　──心理学　33
　──性協調運動症　66
　──途上に診断される精神, 行動障がい　40
パニック症/パニック障がい　49, 50

反抗挑発症/反抗挑戦性障がい　64, 69
犯罪行為　114
反社会性パーソナリティ障がい（Antisocial Personality Disorder）　55, 64
反芻症/反芻性障がい　68
反応性アタッチメント障がい　69
反復型　78
P-Fスタディ　136
非行　113
PDD→自閉スペクトラム症
秘密の保持　15
病気不安症　52
広場恐怖症（Agoraphobia）　49, 50
不安症群/不安障がい群　49
不一致（incongruence）　156
不適応　71, 72
不登校　33, 76
普遍的無意識　150
文章完成検査　136
分析心理学　149
分離不安症/分離不安障がい　33, 49, 68
ベック抑うつ質問票（BDI-Ⅱ）　134
変換症/転換性障がい（機能性神経症状症）　52
防衛機制　148
法務技官　27

保護者を対象とした面接　10

[マ]
慢性型　77
無意識　144
無条件の肯定的配慮　154
明確化　17
妄想性パーソナリティ障がい　54
モーズレイ性格検査（MPI）　134
森田療法　172
問題行動　71

[ヤ]
遊戯療法　174
夢分析　152
養護教諭　8
抑圧　144
抑うつ障がい（Depressive Disorders）　44
予防的機能　32

[ラ]
ライフサイクル　33
臨床心理学　2, 30
臨床心理士　21
劣等感　35
ロールシャッハ・テスト　135
論理療法　166

著者略歴

大芦 治(おおあし おさむ)
東京都生まれ
1989年　早稲田大学第一文学部心理学専修卒業
1996年　上智大学大学院文学研究科博士後期課程単位取得退学
　　　　倉敷芸術科学大学講師，岡山県倉敷市教育委員会スクールカウンセラーなどを経て，現在，千葉大学教育学部教授。

教育相談・学校精神保健の基礎知識［第3版］

2016年 5月20日　第3版第1刷発行
2018年 9月20日　第3版第3刷発行

定価はカヴァーに表示してあります

　　　　著　者　　大芦　治
　　　　発行者　　中西　良
　　　　発行所　　株式会社ナカニシヤ出版
　　　　〒606-8161　京都市左京区一乗寺木ノ本町15
　　　　Telephone　075-723-0111
　　　　Facsimile　075-723-0095
　　　　URL　http://www.nakanishiya.co.jp/
　　　　Email　iihon-ippai@nakanishiya.co.jp
　　　　郵便振替　01030-0-13128

装丁＝白沢　正／印刷・製本＝ファインワークス
Printed in Japan.
Copyright © 2000, 2008, 2016 by O. Oashi
ISBN978-4-7795-1016-8 C0011

◎本書のコピー，スキャン，デジタル化等の無断複製は著作権法上での例外を除き禁じられています。本書を代行業者等の第三者に依頼してスキャンやデジタル化することは，たとえ個人や家庭内での利用であっても著作権法上認められておりません。